Hans-Dieter Otto
Verblüffende Siege

Hans-Dieter Otto

Verblüffende Siege

Die größten Überraschungscoups
der Kriegsgeschichte

Anaconda

Die Originalausgabe erschien 2010 beim Verlag Jan Thorbecke, Ostfildern.
© 2010 Jan Thorbecke Verlag der Schwabenverlag AG, Ostfildern
Lizenzausgabe mit freundlicher Genehmigung

Die Deutsche Nationalbibliothek verzeichnet diese Publikation in der
Deutschen Nationalbibliografie; detaillierte bibliografische Daten sind
im Internet unter http://dnb.d-nb.de abrufbar.

© dieser Ausgabe 2014 Anaconda Verlag GmbH, Köln
Alle Rechte vorbehalten.
Umschlagmotiv: Emanuel Gottlieb Leutze (1816–1868), »Washington
überquert den Delaware« (1851), Metropolitan Museum of Art,
New York, Foto: akg-images
Umschlaggestaltung: Druckfrei. Dagmar Herrmann, Köln
Satz und Layout: InterMedia, Ratingen
Printed in Czech Republic 2014
ISBN 978-3-7306-0090-0
www.anacondaverlag.de
info@anacondaverlag.de

Für Thomas

»Der Krieg ist nur um des Friedens Willen da.«
Aristoteles, »Politik«, VII, 14

INHALT

David gegen Goliath – ein Vorwort

Der Krieg zwischen Israel und den Philistern ist erneut ausgebrochen. Seit 1200 v. Chr. lebt dieses kulturell hoch entwickelte Volk an der Südwestküste Palästinas. Nun will es die benachbarten Israeliten endgültig besiegen und vertreiben. Bei Ephes-Dammin stehen sich die beiden Heere, nur durch ein Tal getrennt, kampfbereit gegenüber. Alles wartet auf den Beginn der entscheidenden Schlacht. Da tritt aus den Reihen der Philister ein riesiger Mann hervor. Er stammt aus Gath und heißt Goliath. Sechs Ellen und eine Handbreit sei er groß gewesen, berichtet die Bibel im 17. Kapitel des 1. Buches Samuel. Das entspricht einer kaum vorstellbaren Körpergröße von knapp drei Metern. Geschützt durch einen schweren Schuppenpanzer tritt er allein den Israeliten entgegen, schlägt dröhnend mit seinem bronzenen Schwert auf sein Schild, verhöhnt die Juden und fordert einen von ihnen zum Zweikampf heraus. Aber keiner ist dazu bereit. »Hoho! Ihr habt also keine Männer mehr in Israel! Dann holt doch die Bundeslade!«, spottet er. Das wiederholt sich mehrere Tage lang. Er würde auch gegen zwei oder sogar drei Israeliten zugleich kämpfen, ruft er ihnen zu. Wer ihn besiege, habe die ganze Schlacht gewonnen.

Auf der anderen Seite des Tales hören die Juden sein Gelächter. Auch der Schafhirte David hört es. Sein Vater Jesse hat ihn in das Kriegslager geschickt, um seinen beiden im Heer stehenden älteren Brüdern Brot, Käse und Wein zu bringen. »Wer ist dieser Philister, dass er das Heer des lebendigen Gottes verhöhnen darf?«, fragt David aufgebracht. Seine Brüder schicken ihn wieder nach Hause. Dies sei kein Ort für Knaben, sagen sie. Doch David geht nicht heim, sondern zum König Saul und bittet ihn, für Israel gegen Goliath kämpfen zu dürfen. Saul lächelt und schüttelt den Kopf. David bittet so lange und inständig, bis Saul schließlich einwilligt und ihm seinen eigenen Panzer übergibt. Aber der ist viel zu schwer für David. Er legt ihn wieder ab, nimmt seinen Stab und seine Schleuder und verstaut fünf glatte Steine in seiner Hirtentasche. Dann tritt er unter den Augen Tausender Israeliten mutig hinaus in das Tal und Goliath entgegen. »Was willst denn du, mein Knäbchen?«, spottet Goliath. Als er erneut beginnt, den Gott der Juden zu verhöhnen, ruft ihm David zu: »Du kommst zu mir mit Schwert, Lanze und Krummschwert. Ich aber komme zu dir mit dem Namen des Herrn der Heerscharen, des Gottes der Schlachtreihen Israels, den du verhöhnt hast!« (1 Sam 17,45). Brüllend vor Wut stürmt Goliath mit erhobenem Schwert auf ihn zu. David legt einen Stein in die Schleuder und zieht mit ganzer Kraft ab. Der Stein trifft Goliath unter dem Helm direkt ins Auge. Einen Augenblick lang bleibt der Riese stehen, dann fällt er in seiner ganzen Länge vornüber auf sein Gesicht. David rennt zu ihm hin, nimmt Goliaths Schwert und schlägt ihm den Kopf ab. Mit einer Hand streckt er ihn den Schlachtreihen der Philister entgegen. Auf einen Moment großer Stille folgt ein wildes Geschrei, die Philister fliehen. Die Israeliten verfolgen sie bis vor die Tore Ekrons und erschlagen viele von ihnen. Die Schlacht ist gewonnen.

So will es jedenfalls die Legende. Denn kein Wissenschaftler, kein Archäologe konnte bisher nachweisen, dass Goliath tatsächlich gelebt hat. Man hält das zwar durchaus für möglich, denn viele antike Quellen berichten von der Existenz von Riesen. Aber der Beweis für einen historischen Goliath steht nach wie vor aus und wird wohl auch nie erbracht werden können. Dennoch ist der Kampf Davids gegen Goliath präsent bis in unsere Tage. Er wird gern als Vergleich herangezogen, wenn ein vermeintlich Schwächerer, der eigentlich kaum eine Chance hat, gegen einen stärkeren, übermächtigen Gegner antritt und gewinnt. Dem überraschend siegreichen Außenseiter gehört unsere Sympathie, im Sport und vielen anderen Bereichen unseres täglichen Lebens genauso wie im Krieg, wie in der Schlacht. Wenn Einfallsreichtum, Kühnheit und List den Stärkeren zu Fall bringen, wenn das Unvorhergesehene, das Unwahrscheinliche wahr wird, wenn »das tapfere Schneiderlein« wie in Grimms Märchen über die Riesen triumphiert, dann jubelt die Menge.

Von solchen überraschenden Siegen in der Militärgeschichte der Menschheit berichtet dieses Buch. Kriegerische Auseinandersetzungen mit verblüffendem Ausgang, Schlachten, die gegen alle Erwartungen der »Underdog« gewann, hat es schon immer gegeben, in vorchristlichen Jahrhunderten bis hinein in die Zeit nach dem Zweiten Weltkrieg und bis heute. Ebenso wie es in der Antike den an Menschen, Material und Militärmacht mehrfach überlegenen Persern unter ihren Königen Xerxes und Darius nicht gelang, die Griechen zu besiegen, schafften es 1954 weder die Franzosen noch danach in den 60er-Jahren die Amerikaner, den Krieg in Vietnam für sich zu entscheiden. Und auch die hochgerüstete Sowjetunion konnte in der Dekade von 1979 bis 1989 den blutigen Krieg in Afghanistan nicht gewinnen. Woran lag das? Aus welchen Gründen ist es in der Militärgeschichte der letzten 2500 Jahre immer wieder vorgekommen, dass der vermeintlich Schwächere den mächtigen, zahlenmäßig weit überlegenen Gegner bezwingen konnte?

Die Antwort ist ebenso überraschend wie simpel: Den Ausgang bestimmt die überlegene Strategie. Sie bewirkt letztlich mehr als Macht und Stärke. Der amerikanische Politikwissenschaftler Ivan Arreguin-Toft, Mitglied des Internationalen Sicherheitsprogramms der »John F. Kennedy School of Government« an der Harvard Universität und ein zuvor lange Jahre in Augsburg stationierter Veteran der US Army, hat 2005 in statistischen Auswertungen und Untersuchungen aller kriegerischen Auseinandersetzungen zwischen schwachen und starken Gegnern der letzten 200 Jahre nachgewiesen, dass der an Bevölkerung und militärischer Stärke rund zehnfach Überlegene in 71,5 Prozent aller Fälle die Oberhand behalten hat. Dieses Verhältnis ändert sich aber sofort, wenn der Underdog im Vergleich des konventionellen Kräfteverhältnisses beider Seiten seine Schwäche und Unterlegenheit erkennt und daraufhin – wie David – eine unkonventionelle, überraschende Strategie wählt, die seine Gewinnaussichten erheblich verbessert. Als Arreguin-Toft seine Daten unter diesem Gesichtspunkt noch einmal analysierte, stellte er fest, dass sich in diesen Fällen die Gewinnchancen des Underdogs von 28,5 auf 63,6 Prozent erhöhten. Das ist nun in der Tat ein überraschendes Ergebnis, das zu der Aussage berechtigt: Wenn der Schwächere sich entscheidet, nicht nach den Methoden und Regeln des Goliath zu kämpfen, gewinnt er gegen alle Erwartungen zwei von drei Auseinandersetzungen!

Diese Erkenntnis macht verständlich, dass wir in der Kriegsgeschichte verhältnismäßig viele Fälle finden, in denen der vermeintlich Schwächere in der Schlacht einen überraschenden Sieg davontragen konnte. Die in diesem Buch getroffene Auswahl ist daher sehr subjektiv und berücksichtigt sowohl berühmte als auch weniger bekannte Schlachten. Es gibt auch Fälle, in denen einer der Kombattanten glaubt, den Sieg schon in der Tasche zu haben, ihn dann aber sozusagen auf den letzten Metern durch strategische oder taktische Fehlentscheidungen doch noch aus der Hand gibt. Dann grenzt der Ausgang geradezu an ein Wunder. Im September 1914 fällt den Franzosen an der Marne auf diese Weise der Sieg in den Schoß. Und Ende Mai 1940 gelingt es den an der Kanalküste bei Dünkirchen von deutschen Armeen eingeschlossenen Briten, auf einer improvisierten, zum Teil aus Fischerbooten bestehenden Schiffsarmada überraschend über den Kanal zu entkommen. Weil Hitler zögert, den »Sack schnell zuzumachen« und es Görings Luftwaffe nicht gelingt, den am Strand zusammengedrängten Feind zu vernichten, können bis zum 3. Juni, als die deutschen Panzer nur noch zwei Kilometer vom Meer entfernt sind, 338.000 Mann, darunter 110.000 Franzosen, nach England evakuiert werden. Die Briten sehen in Dünkirchen einen ihrer größten Triumphe. Aus einer Niederlage wird letztlich noch ein Sieg, denn vier Jahre später kehren die geretteten Soldaten bei der Landung in der Normandie auf das Festland zurück.

Die Gründe für einen Überraschungssieg können also vielfältig sein. In seinem 1832 bis 1834 erschienenen berühmten Buch »Vom Kriege« hat der preußische General Carl von Clausewitz dem Moment der Überraschung in der Schlacht ein ganzes Kapitel gewidmet. Sie sei ein Mittel zur Überlegenheit, schreibt er. Wo sie in hohem Grade gelingt, zum Beispiel durch unerwartete Verteilung der Kräfte im Angriff oder in der Verteidigung, sind Verwirrung und gebrochener Mut beim Gegner die Folgen. Nach Clausewitz sind die Grundlagen für die Überraschung vornehmlich in zwei taktischen Faktoren zu sehen: Geheimhaltung und Schnelligkeit. Aber auch »auf dem höheren Gebiet der Strategie« gäbe es das Moment der Überraschung. Als Beispiel »für einen ganz unerwarteten Krieg« nennt er den Einfall Friedrichs des Großen im Winter 1740 in Schlesien. Damit beginnt eine lange Auseinandersetzung mit einem kräfte- und zahlenmäßig überlegenen Gegner: Österreich. Gründlich gelungene strategische Überraschungen enden zumeist mit glänzenden Siegen über einen stärkeren Feind oder sogar eine Koalition von Feinden. Einigen solchen verblüffenden strategischen Siegen werden wir in den nachfolgenden Kapiteln begegnen.

Die Kriegsgeschichte beweist auch: Je schwächer die Kräfte sind, die der strategischen Führung zur Verfügung stehen, desto eher verfällt sie auf eine List, um den Sieg herbeizuführen. Sie ist eines der ältesten Kampfmittel. Clausewitz sagt: Wenn sich dem Schwachen und Kleinen die List als letzte Hilfe anbietet, sein Heil in einem mutigen, verzweifelten Schlag zu suchen, dann tritt die List der Kühnheit zur Seite und kann ungeheure Erfolge erringen. Denken wir nur an die Geschichte von Odysseus und dem hölzernen »Trojanischen Pferd«, das mit darin verborgenen griechischen Kriegern als Geschenk in das lange Jahre vergeblich belagerte Troja gebracht wird und überraschend dazu führt, dass die mächtige Stadt schon am nächsten Tag nur noch ein rauchender Trümmerhaufen ist. Auch Varus, der römische Statthalter in Germanien, fällt auf eine Kriegslist des Cheruskerführers Arminius herein. Vermutlich bei Kalkriese am Wiehengebirge, in der Nähe des Teutoburger Waldes, lockt er drei römische Legionen in eine Falle. Wieder einmal siegt David über Goliath. Die vereinigten germanischen Stämme vernichten die Römer 9 n. Chr. in einem blutigen Gemetzel und zerstören damit den Mythos von deren Unbesiegbarkeit. Der überraschende, totale Sieg führt zur Befreiung Germaniens und verhindert, dass es wie Gallien römisch wird.

Zu militärischen Überraschungscoups besonderer Art zählen handstreichartige Unternehmungen, die den Erfolg in der Schlacht durch die Einnahme einer Burg, Festung oder gar einer ganzen Stadt vorbereiten oder sicherstellen. Als der französische König Philipp August die englischen Festlandsbesitzungen nördlich der Loire zurückgewinnen will und im Spätsommer 1203 mit der Belagerung der wichtigsten Festung – der als uneinnehmbar geltenden Burg Gaillard in der Normandie – beginnt, gelingt es ihm trotz weitreichender Katapulte und hoher Belagerungstürme nicht, bis zum inneren Burghof vorzudringen. Nachdem auch der letzte Sturmangriff im Frühjahr 1204 erfolglos ist, beschließen die Franzosen aufzugeben und wieder abzuziehen. Da entdeckt ein aufmerksamer Offizier im Burggraben einen Latrinenabfluss, der bis in den mittleren Burghof führt. Er zwängt sich hinein und kriecht, gefolgt von seinen Soldaten, hinauf. Die Verteidiger in der Burg sind völlig überrascht und kapitulieren sofort. Mit dem Fall von Gaillard geht für England die ganze Normandie verloren.

Im Zweiten Weltkrieg gilt auch das belgische Fort Eben Emael als nördlicher Eckpfeiler der Festung Lüttich als unüberwindbar. Die tief unter der Erde miteinander verbundenen Bunker bilden mit ihren Artillerie-Kasematten und drehbaren Panzerkuppeln, zahlreichen Gräben und sieben Meter hohen Mauern ein von 1000 Soldaten derart stark verteidigtes Bollwerk, dass es unmöglich erscheint, an diese Festung heranzukommen, geschweige denn, sie einzunehmen. Aber in einer überraschenden, kühnen Aktion, einer der gewagtesten der modernen Kriegsgeschichte, gelingt es einer extra für dieses Unternehmen ausgebildeten deutschen Fallschirmjägereinheit am 10. Mai 1940, mit Lastenseglern auf den Kuppeln zu landen und im Nahkampf die einzelnen Festungswerke auszuschalten. Mit Unterstützung eines Infanterieregiments, das sich schon am nächsten Tag bis zum Fort durchkämpft, wird der Angelpunkt der belgischen Verteidigung zur Verblüffung der Alliierten blitzartig geknackt und erobert. Einen ähnlichen Überraschungscoup, mit dem es den Amerikanern in ihrem Unabhängigkeitskrieg Ende Dezember 1776 gelingt, mit wenigen Truppen gleich eine ganze Stadt einzunehmen, wollen wir uns im Kapitel »Desaster am Delaware« näher anschauen.

Die Anwendung einer besonderen, überraschenden Strategie gegen einen kräftemäßig überlegenen Feind hat speziell im Ersten und Zweiten Weltkrieg zu spektakulären Siegen geführt. Im August 1914 steht die 8. deutsche, zur Hälfte aus Landwehr und Ersatz- und Reservetruppen bestehende Armee in Ostpreußen einem zahlenmäßig weit überlegenen Feind gegenüber: 13 deutsche Divisionen gegen 21 russische und eine einzige Kavalleriedivision gegen zehn auf Seiten des Feindes. Die Russen rechnen nur damit, dass die Deutschen versuchen werden, sich gegen die von zwei Seiten angreifende Übermacht zu verteidigen, nicht damit, dass sie ihr Heil im Angriff suchen. Doch genau das tun sie. Nach dem Plan des Generalstabschefs Moltke gelingt es

General Ludendorff zusammen mit dem Oberbefehlshaber Ost, Generaloberst Paul von Hindenburg, die Russen unter Ausnutzung des Vorteils der inneren Linie in eine Falle zu locken und bei Tannenberg in einer sechs Tage dauernden Vernichtungsschlacht (26.–31. August 1914) zu besiegen.

Im Herbst und Winter 1939 liegt dem Leitgedanken der deutschen Angriffsvorbereitungen im Westen ein alter Plan zugrunde, nach dem schon 1914 die französischen Armeen durch Schwenkung des rechten Flügels in Form einer einarmigen Zange umfasst und in einem riesigen Kessel vernichtet werden sollten. Aber dem Stabschef von Rundstedts Heeresgruppe A, General von Manstein, erscheint dieser aufgewärmte Schlieffenplan bedenklich und wenig erfolgversprechend, weil ihm vor allem jedes Moment der Überraschung fehlt. Er entwickelt einen ebenso genialen wie verwegenen Gegenplan, der von Hitler begeistert aufgenommen wird. Statt des von den Alliierten erwarteten geraden Stoßes nach Belgien hinein verlegt er den Schwerpunkt des deutschen Vormarsches vom rechten Flügel auf die Mitte. Die deutschen Panzerverbände sollen da vorstoßen, wo es der Gegner am wenigsten erwartet: durch die unwegsamen, waldigen und bergigen Ardennen. Wenn die Panzer sie erst einmal überwunden haben, können sie ungehindert durch das flache Nordfrankreich zur Küste rollen und die nach Belgien und Holland vorrückenden alliierten Armeen von ihrer Basis abschneiden. Angesichts der hohen Risiken dieses kühnen »Sichelschnitt«-Plans und der Kräfteüberlegenheit des Gegners ist Generalstabschef Haider höchst besorgt. Aber der Plan funktioniert bestens und bestätigt in eindrucksvoller Weise, was der italienische Staatsmann und Geschichtsschreiber Machiavelli bereits 1532 in

seinen Historien von Florenz zum Ausdruck gebracht hat:
»Am leichtesten gelingen diejenigen Pläne im Kriege, die
vom Feinde fur unmöglich gehalten werden.« Die gegnerischen Armeen gehen tatsächlich nach Norden in die Falle,
und der Degenstoß in ihren Rücken durch sieben deutsche
Panzerdivisionen, die das raue Ardennengelände durchbrechen, führt zu einem deutschen Sieg. In dem Kapitel »Entscheidung an der Maas« werden wir Einzelheiten über diese
Schlacht erfahren.

Doch die folgenden Reportagen über einige verblüffende
Siege der Militärgeschichte beschränken sich keineswegs
auf die bloße Schilderung des detaillierten Ablaufs der
Schlacht, sondern die präzise Spurensuche eröffnet zugleich
auch einen aufregenden Rückblick auf die Historie ver-
schiedenster Zeitepochen und auf Personen, die sie heraus-
ragend bestimmten. Wir treffen auf Xerxes, Alexander den
Großen, Hannibal und Caesar, begegnen so unterschied-
lichen Gestalten wie Themistokles, König Edward III. von
England und König Philipp VI. von Frankreich, Otto dem
Großen, Friedrich dem Großen, Napoleon sowie George
Washington, Harry S. Truman oder Mao Tse-tung und
finden uns auch an der Seite einiger bekannter Heer- und
Armeeführer der neueren Zeit wieder, wie zum Beispiel
Helmuth von Moltke, Heinz Guderian, Erich von Man-
stein, Erwin Rommel und Douglas MacArthur.

Die Geschichte wird lebendig, sehr lebendig sogar. Sie
kommt uns hautnah näher und wird uns begeistern, getreu
der Erkenntnis von Johann Wolfgang von Goethe, die er in
seinen »Maximen und Reflexionen« niedergeschrieben hat:
»Das Beste, was wir an der Geschichte haben, ist der Enthusiasmus, den sie erzeugt.«

DAS ENDE EINER WELTREICHVISION

Salamis, 28. September 480 v. Chr.

Auf kaum eine andere große Schlacht der Menschheits-geschichte passt der zum geflügelten Wort gewordene Vergleich »David gegen Goliath« – der schier aussichtslose Kampf des Kleinen gegen einen übermächtigen Koloss – so gut wie auf die Schlacht von Salamis. Sie fand vor rund 2500 Jahren zwischen Griechen und Persern statt, und zwar im Saronischen Golf, einem sich südwestlich von Athen erstreckenden, tiefblauen Sund, der im Süden und Norden von den Inseln Ägina und Salamis begrenzt wird und im Westen von den Ausläufern der peloponnesischen Halbinsel. Das attische Festland ist nur etwa zwei Seemeilen von der buchtreichen Küste der Insel Salamis entfernt. Der überraschende Ausgang der Schlacht hat wahrhaft weltgeschichtliche Bedeutung und Tragweite. Kaum jemals zuvor und danach ist in so kurzer Zeit so viel entschieden worden.

Wir kennen das exakte Datum sowie auch ein paar Einzelheiten der Schlacht. Das verdanken wir vornehmlich dem etwa 489 v. Chr. in Halikarnassos geborenen griechischen Geschichtsschreiber und Geographen Herodot, der für viele Ereignisse der griechisch-persischen Auseinandersetzung die einzige Quelle darstellt. Nach eigener Aussage bereiste er Asien und Ägypten, war also kein bloßer »Stubengelehrter«. Er stand in Kontakt mit großen Persönlichkeiten seiner Zeit wie Perikles und Sophokles und gilt heute mit Recht als »Vater der Geschichtsschreibung«. Die von ihm in den neun Bücher umfassenden »Historien« aufgeschriebene Geschichte Griechenlands und Persiens im

6. und 5. Jahrhundert v. Chr. mit den Perserkriegen als Höhepunkt ist sein einziges erhaltenes Werk. Es beginnt mit den Worten: »Was Herodotus von Halikarnassos erforscht, das hat er hier dargelegt, auf dass weder das, was durch Menschen geschehen, mit der Zeit verlösche, noch große und bewundernswürdige Taten, teils von Griechen, teils von Barbaren vollbracht, ruhmlos bleiben. Das alles hat er dargelegt, sowie auch, aus welcher Ursache sie einander bekriegt haben.« Mit »Barbaren« meint er Völker, die nicht griechischer Herkunft sind, also asiatische Völkerschaften wie Lyder, Meder und Perser.

Der Krieg zwischen Griechen und Persern beginnt damit, dass die Perser um 545 v. Chr. die an der mittleren Westküste Kleinasiens von den Ioniern gegründeten Städte unterwerfen. Etwa 50 Jahre später versuchen die mit Athen verbundenen Ionier – neben den Achäern und Dorern einer der drei griechischen Hauptstämme –, die persische Fremdherrschaft durch einen Aufstand abzuschütteln. Aber er wird von den Persern blutig niedergeschlagen. Diese beginnen sogleich einen Rachefeldzug gegen Athen. Ein persischer Flottenvorstoß scheitert jedoch 492 v. Chr. am Athos, einem mächtigen Bergmassiv auf der Halbinsel Chalkidiki, aufgrund der dort vorherrschenden widrigen Windverhältnisse. Und ein weiteres Heer des persischen Großkönigs Dareios I. wird 490 v. Chr. nach der Landung an der Ostküste Attikas bei Marathon von einem athenischen Heer unter Miltiades geschlagen. Nun sinnt Dareios' Sohn Xerxes I. (519–465 v. Chr.), »der König der Könige und der Länder aller Stämme und der großen Erde auch in der Ferne« – so Herodot –, erneut auf Rache. Zehn Jahre später zieht er mit einem gewaltigen Heer und einer ungeheuren

Flotte nach Griechenland, um die Geschichte zu korrigieren und die Niederlage des Vaters zu rächen. Die griechischen Stadtstaaten sollen endlich in das Persische Reich eingegliedert werden, womit ein Sprungbrett für weitere Eroberungen im Westen geschaffen würde. Jetzt muss Xerxes etwas gelingen, mit dem er ebenbürtig neben seine großen Vorgänger, die Reichsgründer Kyros und Darius, treten und die Weltherrschaft erringen kann. Dazu ist nur noch ein letzter kleiner Stoß erforderlich. Die Niederlage Athens scheint unausweichlich.

Vier volle Jahre hindurch ist Xerxes in der Zeitspanne von 484 bis 481 v. Chr. damit beschäftigt, ein riesiges Heer aufzubauen und auszurüsten. Im Jahr 480 v. Chr. setzt sich dann, wie Herodot schreibt, »eine gewaltige Menschenmasse« in Bewegung. »Unter allen Kriegszügen, die wir kennen«, sei dieser »in der Tat bei Weitem der größte« gewesen. »Wo war ein Volk«, fragt er, »welches Xerxes nicht aus Asien führte wider Hellas? … Die einen stellten Kriegsschiffe, die anderen waren zum Fußvolk eingeteilt, den einen war Reiterei auferlegt, den anderen Schiffe zum Transport der Pferde, zugleich mit den ins Feld ziehenden Reitern. Einige mussten zu den Brücken lange Schiffe stellen, andere wiederum Schiffe zur Aufnahme von Lebensmitteln und weiteren Vorräten.« Schiffe für Brücken? Tatsächlich, Xerxes schickt sich an, mit seinen Soldaten auf zwei Brücken aus aneinandergereihten Schiffen über den an der schmalsten Stelle nur zwei Kilometer breiten Hellespont – die heutigen Dardanellen, die Asien von Europa trennen – ins griechische Festland hineinzumarschieren, begleitet von einer riesigen Flotte von über 1000 Kriegsschiffen. Eine wirklich beachtliche, neue Idee. Doch kaum sind die für die beiden Brücken abgestellten Schiffe so formiert, dass sie für den Übergang benutzt werden können, erhebt sich, wie Herodot berichtet, »ein gewaltiger Sturm, der dies alles zusammenschlug und voneinander riss.« Xerxes sei daraufhin »sehr unwillig« geworden und habe befohlen, »dem Hellespont mit der Peitsche 300 Hiebe zu erteilen und in die Tiefe ein paar Fesseln hinabzusenken«. Er habe auch gehört, fährt Herodot fort, dass den Leuten aufgegeben worden sei, während der Hiebe »barbarische und frevelhafte Worte« auszurufen: »O du bitteres Wasser, unser Gebieter legt dir diese Strafe auf, weil du ihn beleidigt hast ... König Xerxes wird über dich schreiten, magst du wollen oder nicht!« Den Baumeistern, die an diesem Tag für den Brückenbau zuständig waren, lässt Xerxes die Köpfe abschlagen.

Abschreckende Wirkung hat dieses Unglück nicht, das Unternehmen geht weiter. Nur einmal scheinen Xerxes Zweifel zu kommen, ob nicht doch ein unglückseliger Stern über dem ganzen Feldzug stehe. Herodot berichtet, dass die Sonne plötzlich am wolkenlosen, heiteren Himmel verschwand. »Statt des Tages wurde es Nacht. Als Xerxes dies sah und erkannte, wurde er nachdenklich und fragte die Magier, was die Erscheinung bedeute. Diese aber erklärten, dass die Gottheit den Hellenen das Verschwinden ihrer Städte andeute. Die Sonne zeige den Hellenen die Zukunft, der Mond aber ihnen. Als Xerxes dies vernommen hatte, war er voll Freude und setzte das Unternehmen fort.« Die Astronomen unserer Zeit sind sich nicht einig, ob diese totale Sonnenfinsternis im Frühjahr 480 v. Chr. oder schon ein Jahr zuvor stattgefunden hat.

Xerxes drängt darauf, den Bau der beiden Schiffsbrücken zügig zu vollenden. Erneut werden »in schräger Rich-

tung auf der einen Seite 360, auf der anderen 340 Schiffe«
eng und ohne Zwischenraum entlang der Ufer zusammen-
gestellt. Sie werfen große Anker, und mittels hölzerner
Winden werden von den Schiffen lange Taue zur anderen
Landseite gespannt, wobei die Entfernung jeweils ungefähr 2000 Meter beträgt. Herodots Schilderung ist allerdings an mehreren Stellen unklar, so dass das genaue Vorgehen für uns heute nicht mehr eindeutig nachvollziehbar
ist. Zurechtgesägte Holzblöcke und Bretter werden nach
Herodot über die Taue gelegt, damit sie nicht im Meer ver-
sinken. Den auf diese Weise schwimmenden Steg stampft
man mit Erde fest und versieht ihn an den Seiten mit
einem Holzzaun, damit Pferde und Zugvieh beim Anblick
des Meeres nicht scheuen. Durch diese Konstruktion wird
Herodot zufolge erreicht, dass die kaum übersehbaren
Truppenmassen samt Tross am asiatischen Ufer auf einer
Breite von mehreren Tausend Metern zum Übergang antreten können. Das verkürzt die Übergangszeit immerhin
auf eine Woche, wobei auch die Nächte genutzt werden.
Auch für eine sichere Fahrt der Flotte wird gesorgt. Damit
sie nicht um das wie ein schmaler Finger ins Meer hinein-
ragende Athos-Vorgebirge herumfahren muss, bedroht von
gefährlichen Klippen und Unwettern, lässt Xerxes von
einem Heer von Arbeitern, die mit Peitschenhieben angetrieben werden, quer durch die Ebene der Landzunge
einen tiefen Graben ausheben. Er war so breit, schreibt
Herodot, »dass zwei Dreiruderer zugleich mit ihrem Ru-
derwerk hindurchschiffen konnten.«

Die Griechen haben nur unzureichende Kunde von den
enormen persischen Vorbereitungen. Hätte ein Grieche aus
der Nähe beobachten können, wie der schier endlose persi-

sche Heereswurm auf schaukelnden Stegen den Hellespont überschreitet, wäre ihm beim Anblick der bestens ausgerüsteten Marschkolonnen sicherlich das Herz in die Hose gerutscht. Herodot gibt die Gesamtzahl des Landheeres mit »17 mal 100.000 Mann« an. Hinzu kommen noch die Kavallerie mit 80.000 Reitern ohne die Wagen und die Kamele der Araber sowie das Schiffsvolk mit rund 517.000 Mann, so dass die Gesamtstärke der Streitkräfte ohne die Diener und die Bemannung der Transportschiffe bei etwa 2,3 Millionen gelegen haben mag. Angesichts dieser für damalige Verhältnisse kaum vorstellbaren Zahl scheinen dem gewissenhaften und wahrheitsliebenden Herodot Zweifel gekommen zu sein, denn er schreibt, er wundere sich, wie die Lebensmittel für so viele Menschen gereicht haben können. Nach altpersisch-orientalischer Sitte folgten dem Heer königliche Schreiber, deren Aufzeichnungen in Archiven aufbewahrt wurden. Bei seinen Reisen ins Innere Asiens hat Herodot diese Quellen wahrscheinlich einsehen können, so dass seine Zahlenangaben sich mit den offiziellen persischen Dokumenten decken werden. Die heutige Wissenschaft ist sich indes einig, dass diese Zahlen stark übertrieben sind.

Noch unsicherer ist, wie hoch die Kontingente der einzelnen Völker waren, etwa 20 an der Zahl, darunter Meder, Assyrer, Baktrier, Skythen, Parther, Kaspier, Inder, Äthiopier, Araber und viele andere Völkerschaften. Herodot räumt ein, er könne das nicht mit Bestimmtheit sagen, da solche Zahlen von niemandem angegeben worden seien. Einigermaßen sicher scheint nur zu sein, dass an der Spitze des mächtigen Heerzuges etwa 10.000 Perser standen, eine Elitetruppe, die mit besonderen Vorrechten ausgestattet war und prachtvolle Uniformen sowie einen Kranz auf dem Kopf trug. Ihnen folgte die Reiterei mit nach unten gehaltenen Lanzen und dann Xerxes selbst auf dem heiligen Wagen, gedeckt von Lanzenträgern sowie einer Garde von 1000 Reitern. Die Perser trugen turbanartige Hüte mit gekrümmter und nach vorne abfallender Spitze auf dem Kopf, ihre Knie waren durch Hosen geschützt. Den bunten, mit Ärmeln versehenen Leibrock bedeckte, wie Herodot schildert, eine Art Panzer mit fischschuppenartigen Eisenplatten. Anders als die Griechen, die ihren Körper mit einem großen, vom Kopf fast bis zu den Füßen reichenden Schild schützten, hielten die Perser an der Seite lediglich kleine geflochtene Schilde, darunter hing ein Köcher mit Pfeilen aus Rohr. Zusätzlich zu einem großen Bogen waren sie mit einem kurzen Speer bewaffnet sowie einem kleinen, an der linken Seite vom Gürtel herabhängenden dolchartigen Schwert. Herodot beschreibt Kleidung und Ausrüstung auch der anderen in das Heer eingegliederten Völker ausführlich, so dass wir uns ein gutes Bild davon machen können, welch bunt zusammengewürfelter, riesiger Heereshaufen da im Spätsommer des Jahres 480 v. Chr. mit großem Aufwand und Getöse über den Hellespont nach Griechenland zog, begleitet von einer gewaltigen Flotte von 1207 Schiffen.

Was können die Griechen gegen diesen beginnenden Vernichtungsfeldzug tun? Und was haben sie in den letzten zehn Jahren nach dem Sieg des Miltiades bei Marathon getan? Die Antwort ist einfach. Sie taten das, was die Griechen meistens taten: Sie steckten die Köpfe zusammen und debattierten. Aber Entschlüsse wurden nicht gefasst, konkrete Maßnahmen wurden nicht getroffen, obwohl sie sich doch hätten denken können, dass die Perser erneut auf Rache sinnen würden. Es ist schon erstaunlich: In Griechenland ging die Politik weiter, als hätte es Marathon nie gegeben. Als im Frühjahr 481 v. Chr. erschreckende Nachrichten aus Persien herüberdringen, ergreift ein außergewöhnlicher, dem angesehenen altattischen Adelsgeschlecht der Lykomiden entstammender Mann, der erst vor Kurzem nach Athen gekommen ist, die Initiative. Sein Name ist Themistokles (um 525–459 v. Chr.).

Auf sein Betreiben treffen sich im Herbst 481 v. Chr. in Korinth die Führer aller perserfeindlichen Stämme zur Beratung. Abgesandte Boten des persischen Großkönigs haben dessen »Verlangen nach Erde und Wasser« überbracht. Viele Städte und Provinzen unterwerfen sich daraufhin, Ätolien, Epirus, Nord-Euböa, die östlichen Kykladen-Inseln, Thessalien und Theben ebenso wie auf dem Peloponnes Achaia und Argos. Aber Athen lehnt ab, und auch Sparta und Elis sowie Phokis, Thespiai, Platää, Megara und die Insel Ägina weigern sich. In Korinth geschieht nun etwas, das es noch nie zuvor in Griechenland gegeben hat: Die Versammlung, eine Art Nationalrat, verkündet einen allgemeinen Landfrieden und vereinbart, alle Streitigkeiten untereinander sofort zu begraben, damit man sich voll auf die Kriegsvorbereitungen konzentrieren kann.

Der Standpunkt der Spartaner ist eindeutig. Sie schlagen vor, die gesamte militärische Macht in den Norden zu werfen, um die Pässe ins Festland zu sichern. Doch Themistokles schüttelt den Kopf: »Auf einen Landkrieg dürfen wir uns keinesfalls einlassen! Unser kleines griechisches Heer hätte gegen die persische Übermacht nicht die geringste Chance!« Stattdessen verkündet er eine ebenso revolutionäre wie radikale Idee: »Unsere Zukunft liegt auf dem Wasser! Wir müssen schnellstens mindestens 200 Schlachtschiffe bauen!« Themistokles entwickelt einen kühnen Plan. In Piräus soll schleunigst ein großer Kriegshafen mit Docks und Werften gebaut werden. Um das alles bezahlen zu können, sollen die Silberminen von Laurion, in denen 20.000 Sklaven schuften, vollkommen ausgeschürft und das gesamte Staatsvermögen geopfert werden. Zudem soll jeder wohlhabende Bürger die Patenschaft für ein Kriegsschiff übernehmen und dessen Ausrüstung aus eigener Tasche bezahlen. Und dann ruft Themistokles mit erhobener Stimme in die Runde: »Zudem hat sich jedermann, soweit er nicht sowieso schon im Heer dient, als Matrose oder Ruderer zur Verfügung zu stellen!« Damit könnte ein lang gehegter Traum verwirklicht werden: Der »vierte Stand« der Lohnarbeiter würde nun endlich Vollbürger werden.

Die Athener sind entsetzt. In ihren Augen sind diese Vorschläge absurd. Von den Spartanern wird Themistokles sogar ausgelacht: »Was für ein Narr! Ein echter Grieche kämpft nicht mit Rudern und Segeln, sondern mit Schwert und Speer!« Als Themistokles merkt, dass er die Versammlung nicht überzeugen kann, schlägt er vor, das zu tun, was die Griechen schon immer getan haben, wenn es um ihre Existenz ging: Sie befragen ihr heiliges Orakel in Delphi. Die Athener schicken sofort Gesandte dorthin. Nachdem sie im Tempel die üblichen Opfer gebracht haben, erhalten sie, wie Herodot berichtet, von der Pythia, der Priesterin Aristonike, eine niederschmetternde Antwort. Alle Einwohner sollten schnellstens ihr Land verlassen, denn Athen und ganz Hellas stehe ein furchtbares Unheil bevor! Aber die stolzen Athener wären nicht Athener, wenn sie sich mit diesem düsteren Spruch zufrieden geben würden. Sie nehmen Ölzweige in die Hand und bitten Aristonike, beim Gott Apollo ein neues Orakel zu bestellen. Andernfalls würden sie so lange hier bleiben, bis der Tod sie ereile. Der zweite Spruch ist eine harte Nuss. Sein Kern besagt, dass der weitsehende Zeus, wenn ringsum alles dem Feind erliegt, seiner Tochter Athene »die hölzerne Mauer« geben werde, zum Schutze der Stadt und ihrer Kinder. »Unversehrt bleibt allein die hölzerne Mauer!« Als die Gesandten dem Nationalrat diesen Spruch überbringen, rätselt alles herum, was damit wohl gemeint sein könnte. Die älteren Athener sind der Auffassung, die hölzerne Mauer sei der dornige Holzzaun ihrer Burg. Die Palisaden der Akropolis müssten unbedingt erhalten und sogar verstärkt werden! »Nein, nein!«, entgegnet ihnen Themistokles, »ihr habt den Spruch nicht richtig verstanden und deutet ihn ganz falsch! Er ist eine Umschreibung für die von mir geforderten Schiffe! In ihnen sieht das Orakel, genau wie ich, unsere einzige Chance!«

Er setzt sich durch. In Windeseile beginnen die Griechen mit dem Bau ihrer Flotte. Im Juli 480 v. Chr., als das Landheer von Xerxes – das größte, das die Welt bis dahin gesehen – bereits den Norden Griechenlands erreicht hat und Angst und Schrecken verbreitet, kann Athen 147 Schiffe aufweisen. Dazu kommen 40 von Korinth, 20 von Megara, 18 aus Ägina, zwölf aus Syrakus, zehn aus Sparta, acht aus Epidaurus und einige weitere aus kleineren Städten. Insgesamt stehen 270 Kriegsschiffe bereit, einige Quellen sprechen sogar von 368. Die weitaus meisten sind Dreiruderer, sogenannte Trieren. Um Eigenarten und Fähigkeiten dieser maximal 37 Meter langen und vier bis fünf Meter breiten

Schiffe und ihre Kampfkraft in der Schlacht besser verstehen zu können, wollen wir kurz einen Blick auf den griechischen Schiffsbau werfen.

Schnelligkeit ist einer der wichtigsten Faktoren für ein Schiff. Das war damals nicht anders als heute. Je mehr Riemen ins Wasser tauchen, desto schneller kommt es vorwärts. Entsprechend lange Rudergalerien konnte man allerdings nicht bauen, denn ein zu langes Schiff ist nicht mehr seetauglich. Deshalb verfielen die Konstrukteure auf die Idee, drei Ruderreihen übereinander zu platzieren, und zwar, damit das Schiff nicht zu hoch wird, versetzt und quasi auf Lücke mit jeweils unterschiedlichen Abständen zur äußeren Holzwand. Ganz unten und ziemlich weit innen sitzen die sogenannten Thalamiten, 54 an der Zahl, dann über ihnen, eine Stuhlbreite nach außen verrückt, die Zeugiten, ebenfalls 54, und ganz außen in der obersten Reihe 62 Thraniten, die mit ihren Riemen den längsten Weg zum Wasser zurücklegen müssen. Sie leisten nicht nur die härteste Arbeit, sondern ihr Platz ist im Gefecht auch der gefährdetste. Deshalb erhalten sie den besten Lohn und werden gegen feindliche Pfeile durch Segeltuch geschützt. Insgesamt hat eine Triere folglich 170 Ruderer. Hinzu kommen zehn Matrosen zur Bedienung des Segels und des Ankers, einige Offiziere einschließlich des Kapitäns, ein Flötenspieler, nicht etwa zur Unterhaltung, sondern um den Schlagrhythmus für die Ruderer anzugeben, sowie zumeist auch einige Bogenschützen. Das ergibt die stolze Zahl von rund 200 Mann für ein Schiff, eine im Verhältnis zu Gewicht und Größe des Schiffes sehr große Besatzung. Oben an Deck stehen neben den Thraniten die eigentlichen Krieger, bereit zum Entern des feindlichen Schiffes, nachdem es durch den großen, rund 200 kg schweren Bugsporn aus Bronze mit voller Kraft, das heißt mit höchstmöglicher Geschwindigkeit, gerammt worden ist. Eine gute Besatzung schafft zehn Stundenkilometer, aber für mehr als drei Rammstöße reicht die Kraft der Ruderer gewöhnlich nicht. Von den exakten, synchronen Bewegungen der Ruderer, von ihrem Reaktionsvermögen beim schnellen Ausfuhren der Befehle, hängt in der Schlacht alles ab. Wenn nur ein einziger unerfahrener oder unkonzentrierter Ruderer patzt, kann die ganze Mannschaft aus dem Takt kommen. Die gut geschulten Ruderer aus Athen und Ägina sind berühmt für ihr sehr genaues und schnelles Manövrieren. Auf die über 55.000 eiligst zusammengesuchten Männer der neuen Flotte, die sich im Hafen von Piräus zum Auslaufen versammelt hat, trifft dies allerdings nur bedingt zu.

Oberbefehlshaber dieser Flotte wird Eurybiades aus Sparta, denn man will höchstes Kontingent und oberste Befehlsgewalt voneinander trennen. Von der Marine und der Seekriegstaktik versteht er nichts. Nach wie vor ist er davon überzeugt, die Entscheidung könne nur auf dem Lande fallen. Man solle sie am besten bei den Thermopylen suchen, schlägt er vor, einem von heißen Schwefelquellen umgebenen, kaum 15 Meter breiten Engpass zwischen Küste und Meer in Mittelgriechenland. Hier könnten die heranrückenden Perser vielleicht aufgehalten werden. Themistokles, der zum Glück zum ersten strategischen Berater gewählt worden ist, glaubt das nicht. »Wenn wir das tun, werden wir für immer in persischer Knechtschaft leben!«, ruft er den Athenern zu. »Verlasst eure Stadt und weicht in andere Städte oder auf Inseln aus!« Und tatsächlich, die Bevölkerung folgt der Autorität und Überzeugungskraft dieses Mannes und gibt alles auf, gibt Athen preis, in der vagen Hoffnung, dass mit Hilfe von Themistokles und seiner bereitstehenden Flotte irgendwie doch noch ein Sieg über den persischen Giganten gelingt.

Indessen konzentriert sich das kleine griechische Landheer am Isthmus von Korinth. Ein Teil davon verschanzt sich in einer vorgeschobenen Stellung bei den Thermopylen. Doch das erweist sich als taktischer Fehler, der Engpass kann von den Persern umgangen werden. Weil er hofft, dafür von Xerxes eine große Belohnung zu erhalten, verrät ein Melier namens Ephialtes, wie Herodot schildert, den Persern einen Fußpfad. Er führt direkt in den Rücken der Spartaner, die unter ihrem König Leonidas mit etwa 300 Mann die Schlucht verteidigen. In dem tapferen Kampf opfern sich alle auf, aber auch die Elitetruppen der Perser haben Verluste, darunter zwei Brüder des Xerxes. Herodot berichtet, auf den an Ort und Stelle errichteten Gräbern der Spartaner habe die Inschrift gestanden: »Wanderer, kommst du nach Sparta, verkündige dorten, du habest uns hier liegen gesehen, wie das Gesetz es befahl.« Mittelgriechenland einschließlich Delphi ist verloren, ganz Attika wird verwüstet. Hier vereinigt Xerxes sein Landheer und die Flotte. Persische Truppen marschieren in Athen ein, doch es ist eine Geisterstadt. Wütend gibt Xerxes den Befehl, die Stadt einschließlich der Akropolis niederzubrennen. Als die ersten persischen Boten mit der Nachricht in der persischen Stadt Susa eintreffen, Athen sei gefallen, bricht dort großer Jubel aus. Die Bewohner bestreuen die Straßen mit Myrtenzweigen, entzünden Siegesfeuer und ergehen sich nach Herodots Worten »in Freuden und in Wonne«. Das Schicksal Griechenlands scheint besiegelt, der Untergang der westlichen Kultur steht unmittelbar bevor.

Auf Seiten der Griechen ist unterdessen die Entscheidung gefallen, sich den Persern im Saronischen Golf, östlich der Küste von Salamis, zur Schlacht zu stellen. Sie haben auch kaum eine andere Wahl, denn sie sind bereits von den Schiffen der persischen Flotte umzingelt. Xerxes kann den attischen Trieren nicht nur drei- bis viermal so viele Schiffe entgegenstellen, seine Geschwader sind auch gut ausgebildet und, wenn sie nach ihren Methoden kämpfen können, auch taktisch überlegen. Themistokles weiß, eine Schlacht auf offener See kann er auf gar keinen Fall riskieren, hier würden seine Schiffe schnell eingekreist und ausmanövriert werden. Deshalb plant er, die persischen Schiffe in den engen Sund zwischen Salamis und dem Festland hineinzulocken, wo sie sich nicht entwickeln können und ihre Überlegenheit nicht voll zur Geltung kommt. Aber wie soll er das anstellen? Vielleicht hat er daran gedacht, wie Odysseus die Mauern Trojas bezwang. Er verfällt auf eine ähnliche List. In der Nacht schickt er seinen Sklaven Sicinnus, der zugleich Erzieher seiner Kinder ist, zum persischen König und bietet ihm geheime Kapitulationsverhandlungen an. Die griechische Flotte habe sich entzweit, lässt er ausrichten, der Rest sei auf der Flucht nach Norden. Widerstand sei nicht mehr zu erwarten.

Die Kriegsgeschichte kennt einige Beispiele dafür, dass sich ein Heerführer einfach übertölpeln lässt. Aber was jetzt bei Salamis geschieht, ist so herausragend und spektakulär, dass man es kaum glauben kann. Der naive Xerxes nimmt für bare Münze, was ihm über die Flucht der griechischen Flotte berichtet wird, und glaubt tatsächlich, die

Seeschlacht von Salamis (480 v. Chr.)

ATTIKA

Eleusis

Bucht von Eleusis

Agaleus
(Xerxes)

Athen →

**Griechische
Flotte**

Piräus

Salamis

Persische Flotte

INSEL SALAMIS

Saronischer Golf

N

0   5 km

Entwurf: H.-D. Otto, Karte: geografik.net

griechischen Schiffe hätten den Sund von Salamis verlassen. Seine Admirale dagegen sind misstrauisch, doch sie wagen nicht, dem Großkönig zu widersprechen. Nur eine Frau, die junge Königin von Halikarnassos, hat den Mut dazu. Sie heißt Artemisia und ist der erste weibliche Admiral der Geschichte. Bei Salamis kommandiert sie ein Geschwader von 100 Schiffen. Sie hat selbst fünf Schiffe für den Feldzug gestellt, den sie, obwohl sie einen kleinen Sohn hat, mitmacht, »getrieben von Mut und Tapferkeit«, wie Herodot bewundernd anmerkt, und »ohne dass sie irgendwie dazu genötigt war«. Artemisia rät Xerxes energisch davon ab, seine ganze Flotte in den engen Sund zu schicken. Es könne sich durchaus um eine Falle handeln, und es sei besser, dort keine Seeschlacht zu riskieren. Sie empfehle abzuwarten, denn die Griechen seien außerstande, längere Zeit Widerstand zu leisten. Wenn wir Herodot Glauben schenken wollen, hat Xerxes diesen Ratschlag keinesfalls böse aufgenommen, sondern er lobte Artemisia sogar, »da er sie schon vorher für eine tüchtige Frau hielt«. Ihre Bedenken stößt er mit der Bemerkung beiseite, falls es zu einer Seeschlacht komme, werde sie mit einem persischen Sieg enden, denn er selbst werde ganz in der Nähe sein. Er habe »Vorkehrung getroffen, selbst der Schlacht zuzuschen«. Siegessicher erteilt er den übereilten Befehl, noch in der gleichen Nacht, der Nacht vom 27. zum 28. September 480 v. Chr., in die Bucht von Salamis hineinzufahren, damit die Griechen, falls sie überhaupt noch da seien, gleich am nächsten Morgen angegriffen werden können.

Der persische Großkönig hat sich etwas Besonderes einfallen lassen. An der engsten Stelle zwischen dem attischen

Festland und der Insel Salamis hat er auf dem Agaleus, einem kleinen Hügel unweit des heutigen Ortes Perama, einen reich geschmückten Thron errichten lassen. Von hier aus hat er einen prächtigen Rundblick auf die Bucht und das tiefblaue Meer, von hier aus gedenkt er, einem grandiosen Schauspiel beizuwohnen. Er sieht, wie sich seine am Morgen einfahrenden Schiffe in einem großen, dicht gedrängten Bogen zur Gefechtsbereitschaft formieren.

Auf diesen Moment hat Themistokles gewartet. Dem Brauch entsprechend hat er am frühen Morgen dem Gott Dionysos drei persische Jünglinge geopfert und eine Mut machende Ansprache vor allen Mannschaften und Offizieren gehalten. Nun gibt er von seinem Flaggschiff aus den Befehl an die griechischen Schiffe, die an der Ostküste von Salamis an der engsten Stelle des Sunds in Deckung liegen, unvermittelt hervorzubrechen und dem Gegner in einem schneidigen Angriff in die Flanke zu stoßen. Die Perser werden vollkommen überrascht. Mit einem derart wuchtigen Überfall haben sie nicht gerechnet. Sie haben überhaupt keinen Gefechtsplan. Nach der Darstellung von Herodot ist Aminias aus Athen der Erste, der mit seinem Schiff die Linie verlässt und direkt auf ein feindliches Schiff zufährt, um es zu rammen. Die großen griechischen Trieren sind robuster als die Schiffe der Perser. Mit ihrem spitzen, verstärkten Bug stoßen sie in voller Fahrt in die persischen Schiffe der vordersten Linie hinein und bohren sie in den Grund. Jetzt haben die nachfolgenden persischen Einheiten überhaupt keinen Raum mehr zum Manövrieren. Sie behindern sich, verkeilen sich ineinander und rammen und versenken sich gegenseitig. Eine Vielzahl von Schiffen geht verloren.

Xerxes springt wütend von seinem Thron auf. Wie ist das möglich? Auf jedes griechische Schiff kommen drei, vier persische Schiffe, diese Übermacht muss den Feind doch erdrücken! Die persischen Seeleute sind erfahren, sie wehren sich im Kampf Bord an Bord mit großer Tapferkeit. Das sieht der König durchaus, aber er sieht auch, wie das Meer bald übersät ist von Schiffstrümmern und sich immer röter färbt vom Blut seiner Krieger. Auch der griechische Dichter Aischylos ist auf einem attischen Schiff Augenzeuge des dramatischen Geschehens. Er schreibt es auf und nennt die Tragödie »Die Perser«. Das Stück wird noch heute auf allen Bühnen der Welt gespielt. Aischylos ist auch der Erste, der von 1207 bei Salamis versammelten persischen Schiffen spricht. Herodot hat diese Zahl dann übernommen.

Die Griechen sind in der engen Bucht nicht nur mit Strömungen, Klippen und Küstenverlauf vertraut, sie kennen auch die Wetterverhältnisse besser. Sie wissen, dass sich hier gegen Mittag regelmäßig ein kräftiger Wind aufbaut. Seine steifen Brisen bauschen das Meer zu hohen Wellen auf. Themistokles hofft, daraus Vorteile ziehen zu können. Auf seinen Befehl sind Schiffsmast und Rahsegel jeweils abgebaut worden, um die Beweglichkeit der Trieren noch zu erhöhen. Er weiß, die niedrigen, flacher und schmaler gebauten griechischen Trieren liegen gut im Wasser und kommen mit solchem Seegang gut zurecht. Sie werden ihre Linie auch dann halten können. Die schwerfälligen persischen Schiffe mit ihren hoch über der Wasserlinie liegenden Kampfdecks werden dagegen ihre Schwierigkeiten haben und noch weniger manövrierfähig sein. Und genauso kommt es. Am späten Vormittag wird aus der auffrischenden Brise ein leichter Sturm, gegen den die ermatteten persischen Ruderer verzweifelt ankämpfen. Sie haben kaum noch Kraft und sind müde, da sie schon die ganze Nacht hindurch rudern mussten, ein taktischer Fehler, wie sich nun herausstellt. Die persischen Schiffe werden immer langsamer. Den Griechen gelingt es, den westlichen Flügel der Perser zu umfassen und völlig aufzurollen. Immer mehr persische Schiffe werden gerammt und versenkt.

Am Nachmittag versuchen die Perser, die Schlacht abzubrechen und aus der Bucht zu fliehen. Aber die Griechen verfolgen sie und holen sie ein. Auch Artemisias Flaggschiff wird verfolgt, und zwar vom Schiff des Aminias. Die attischen Kapitäne haben einen Preis von 10.000 Drachmen für denjenigen ausgesetzt, der Artemisia lebendig fängt. Herodot berichtet, sie habe in der Not zu einer verwegenen Kriegslist gegriffen und ihrerseits ein persisches Schiff angegriffen, woraufhin Aminias von ihrer weiteren Verfolgung absah, weil er glaubte, er habe ein griechisches Schiff vor sich. Artemisia kann entkommen. Aber als die Nacht hereinbricht, liegen 100.000 Perser auf dem Grund des Meeres. Viele Perser ertrinken, weil sie nicht schwimmen können. Sinkt dagegen ein griechisches Schiff – insgesamt sind es nur 40 –, springen die noch lebenden Griechen von Bord und schwimmen hinüber nach Salamis.

Die Griechen haben gesiegt, David hat Goliath geschlagen. Und Themistokles, der alles auf eine Karte setzte, wird zum strahlenden Retter des Vaterlandes. Griechenland wird nicht persisch. Xerxes gibt auf und zieht auch sein Landheer ab, weil er befürchtet, die Griechen könnten seine Brücken am Hellespont zerstören und ihm den Rückweg abschneiden. Nur ein kleiner Teil überwintert in Thes-

salien. Als persische Boten die Nachricht von der Niederlage bei Salamis nach Susa bringen, geraten die Bewohner,
wie Herodot wiedergibt, »in solche Bestürzung, dass sie all
ihre Kleider zerrissen und ein unendliches Geschrei und
Wehklagen« erheben. Im Sund von Salamis ist zusammen
mit den untergegangenen persischen Schiffen auch die Vision von der Vollendung eines Weltreichs begraben.

DAS TOR NACH ASIEN

Granikos, Frühjahr 334 v. Chr.

Rund 150 Jahre nach dem grandiosen Sieg der Griechen bei Salamis und dem Ende der persischen Vision von der Vollendung eines Weltreichs zieht, wie zuvor König Xerxes, erneut ein Heer über den Hellespont. Diesmal allerdings in umgekehrter Richtung. König Philipp von Mazedonien (um 382–336 v. Chr.) beginnt in den letzten Jahren seiner Regierung, einen Rachefeldzug gegen die Perser vorzubereiten und voranzutreiben. Er möchte sie für die Frevel gegen die Götter bestrafen, die Xerxes mit der Zerstörung der Tempel der Akropolis begangen hatte. Nach der Ermordung Philipps im Jahr 336 v. Chr. steht bereits eine Vorhut von 10.000 Mann jenseits der Meeresenge, die Europa von Asien trennt. Als sein Sohn Alexander (356–323 v. Chr.) den Thron besteigt, befindet er sich quasi schon im Krieg mit Persien. Das ist ihm sehr recht, denn er hofft, dadurch persönlichen Ruhm zu erringen. In den folgenden beiden Jahren muss er aber erst einmal seine Nordgrenzen in Illyrien und Thrakien sichern und einen Aufstand in Griechenland niederschlagen.

Erst im Frühjahr des Jahres 334 v. Chr. ist es soweit. Alexander übergibt den Befehl in der Heimat seinem Statthalter Antipatros, bricht mit seinen Truppen aus der makedonischen Königsstadt Pella auf und steht 21 Tage später am Hellespont, der hier nur 4000 Meter breit ist. Sein Admiral Parmenion bringt die Armee auf 160 von den Bundesgenossen gestellten Schiffen von Sestos hinüber zu dem Brückenkopf Abydos. Von den insgesamt rund 37.000 Soldaten sind

12.600 Mann Griechen, zum Teil Söldner, zum Teil vom Korinthischen Bund abgeordnet. 7000 Krieger kommen vom Balkan, 2000 leicht bewaffnete Fußsoldaten und Reiter aus Thrakien und Paionien und die Hauptmacht von 15.000 bis 16.000 Mann stammt aus Makedonien und Thessalien. Aber ob diese Zahlen wirklich stimmen, wissen wir nicht genau. Einige neuere Autoren geben die Gesamtstärke des Heeres mit 35.000 Mann Infanterie und 4500 Reitern an. Das ist ein relativ kleines Heer. Und gemessen an der Gesamtzahl des persischen Heeres deutlich unterlegen. Da drüben in Asien wartet ein Goliath auf Alexander. Und so mancher Krieger seiner Armee wird gezweifelt haben, ob Alexander seine erste Schlacht auf asiatischem Boden angesichts des Zahlenverhältnisses überhaupt gewinnen kann. Aber Masse allein garantiert noch keinen Sieg. Alexander hat ein paar Trümpfe in der Hand, die er ausspielen kann. Die ausgewogene Kombination der Waffengattungen seines Heeres bewirkt, dass es recht schlagkräftig ist. Eine wichtige Rolle kommt den makedonischen und kretischen Bogenschützen sowie den thrakischen Speerwerfern zu, vor allem aber den fast 5000 Reitern. Bringt deren Attacke noch keine Entscheidung, soll sie von der mit großen Schilden und vier bis fünf Meter langen Speeren bewaffneten und durch lange Kämpfe geschulten Infanterie herbeigeführt werden, vor allem von den 3000 königlichen Elitetruppen im Zentrum. Die Truppen werden von allerlei Baumeistern, Landvermessern, Ärzten, Wissenschaftlern, Dichtern, Philosophen und Hofbeamten begleitet, und nicht zuletzt auch von Geschichtsschreibern, unter denen auch Alexanders persönlicher Propagandist Kallisthenes von Olynth, ein Neffe des Aristoteles, zu finden ist. Er schafft die

Grundlagen eines Alexanderbildes, das die späteren Überlieferungen teilweise bis heute bestimmt.

Wie hat er ausgesehen, dieser Alexander, der sich noch zu Lebzeiten mit dem Titel »der Große« schmücken darf? Rein körperlich können wir ihm dieses Attribut allerdings nicht beimessen. Mit einiger Bestimmtheit wissen wir, dass er eher klein von Wuchs war. Es ist überliefert, dass er, als er später auf dem Thron des persischen Königs Dareios saß, mit seinen Füßen nicht den darunter stehenden elfenbeinernen Schemel berühren konnte. Das im verschütteten Pompeji im »Haus des Fauns« ausgegrabene und heute im Nationalmuseum von Neapel zu bewundernde Mosaik aus dem ersten vorchristlichen Jahrhundert zeigt Alexander hoch zu Pferde im Kampf gegen Dareios mit gelocktem Haar. Das Gesicht wird beherrscht von einer geschwungenen, kräftigen Nase, einem stark ausgeprägten Kinn sowie großen, runden Augen, die nach antiken Berichten einen feuchten Glanz hatten. Einige Autoren schreiben Alexander ein hellblaues und ein dunkelblaues Auge zu. Das 5,82 × 3,13 Meter große Alexander-Mosaik ist jedoch nur eine Kopie. Das vermutlich von Philoxenos von Eretria angefertigte Original ist nicht mehr erhalten. Da der Künstler im 4. Jahrhundert v. Chr. lebte und somit ein Zeitgenosse Alexanders war, wird seine Arbeit dessen tatsächlichem Erscheinungsbild sehr nahe gekommen sein. Der im ersten nachchristlichen Jahrhundert lebende griechische Schriftsteller Plutarch hat in seiner Alexanderbiografie geschrieben, Alexanders Haar sei blond gewesen und über der Stirn habe es sich büschelartig geteilt, was seinem Aussehen etwas Löwenhaftes verliehen habe. Alexander sprach schnell, lief rasch und hatte die Angewohnheit, Kopf und Augen nach rechts oben zu neigen, als stünde er dauernd in Verbindung mit einer unsichtbaren Person. Seine Haut war glatt und von recht frischer Farbe, und da er sich oft mit parfümierten Salben einreiben ließ, duftete sie, wie Zeitgenossen berichteten, süß und angenehm.

Sein Lehrer Aristoteles hat den erst 21-jährigen König gelehrt, dass Homers »Ilias« die ehrwürdigste Überlieferung der Hellenen sei, und ihm deshalb auch ein von ihm kommentiertes Exemplar mit in den Krieg gegeben. Vielleicht ist das der Grund dafür, dass Alexander zunächst einmal am Grab des Protesilaos, noch in Europa auf der Halbinsel Gallipoli gelegen, ein Tieropfer bringt. Bei Beginn des Trojanischen Krieges war Protesilaos der erste Achäer, der vor der Küste Trojas aus den griechischen Schiffen an Land sprang – wozu nicht einmal Achilles den Mut fand –, mehrere feindliche Krieger im Zweikampf besiegte und dann von Hektor erschlagen wurde. Während der Überfahrt bringt Alexander auch Poseidon, dem Gott des Meeres, ein Trankopfer und wirft danach die goldene Schale ins Meer, auf dessen Grunde sie vermutlich noch heute ruht. Auf Alexanders Wunsch fährt sein Schiff nach Troja weiter, denn er will den Helden Homers huldigen und seinen Göttern erneut Opfer bringen. Hoch aufgerichtet steht er in voller Rüstung am Bug, sein weißer Helmbusch flattert im Wind. Als der Kiel seines Schiffes den Boden berührt, schleudert Alexander mit kräftigem Schwung seinen Speer an Land. Die Spitze bohrt sich in asiatischen Boden, womit der junge König deutlich macht, dass er der Herr dessen sein will, was er zu erobern gedenkt. Später lässt er an dieser Stelle, von der er in den kommenden Jahren bis ans Ende der Welt marschiert, einen Altar errichten, der heute verschwunden ist.

Nach der Landung in Kleinasien ist Alexanders militärische und strategische Lage keineswegs rosig. Die persische Flotte kontrolliert das östliche Mittelmeer, so dass eine Versorgung aus der Heimat so gut wie unmöglich ist. Alexander ist auf die Versorgung aus dem zu erobernden Land angewiesen, weshalb er so schnell wie möglich versuchen muss, die persischen Flottenstützpunkte in Kilikien und Phönizien in seine Hand zu bekommen. Seine Schatztruhen sind bedenklich leer, und die Edelmetallreserven reichen allenfalls für ein Vierteljahr. Um die reichen Minenvorkommen von Sardes nutzen zu können, muss er über die anatolische Hochebene weit nach Osten vorstoßen. Ein Sieg ist deshalb für das Überleben Alexanders und seiner Armee absolut notwendig. Doch nun versperrt ihm gleich zu Beginn seines Feldzugs ein starkes persisches Heer den Weg und will ihn aufhalten. Es hat sich an einem kleinen Fluss mit dem Namen Granikos aufgestellt, der heute Kocabas heißt. An der Küste des Ägäischen Meeres wird das gebirgige Hochland von dem 1767 Meter hohen Bergmassiv Kaz dagi begrenzt. Im Altertum trug dieser Berg den Namen Ida. Er war ebenso berühmt wie der Fluss Granikos, der auf seinen Höhen entspringt und nordwärts zum Marmarameer strömt, wo er nach nur 108 Kilometern in den heutigen Golf von Erdek mündet. Der Sage nach hat Paris, der Prinz des nahe gelegenen Troja, auf diesem Berg an der Quelle des Granikos gesessen, seine Schafe geweidet und den Streit zwischen Hera, Athene und Aphrodite um den Preis der Schönheit entschieden, indem er Aphrodite den Goldenen Apfel überreichte. Damit löste er eine Reihe von Konflikten aus, die schließlich zum Trojanischen Krieg führten.

Dieser Granikos ist für Alexander auf seinem Zug nach Osten das erste natürliche Hindernis, das ihm im Wege steht. Das Charakteristische dieses Flusses sind außer einer ziemlich schnellen Strömung vor allem seine Ufer. Er ist nicht sehr tief, und an der Stelle, an der sich die bevorstehende Schlacht hauptsächlich abspielen wird, ist er nur etwa 20 Meter breit. Dennoch ist eine Überquerung von West nach Ost nicht so einfach. Das Westufer ist zwar flach, aber auf der anderen Seite steigt das aus glitschigem Lehm bestehende Ufer steil empor. Das begünstigt die Stellung des persischen Heeres, in dem zudem noch kampferprobte griechische Söldnerverbände stehen. Das ist nichts Neues. Schon bei Beginn der Herrschaft des Perserreichs der Achämeniden wurden griechische Söldnerverbände, vorwiegend Hopliten, verpflichtet. Jetzt sind sie voll in die Armee des persischen Großkönigs integriert. Jeder Soldat erhält freie Kost und Logis und einen Monatssold in Form einer persischen Goldmünze. Die griechischen Kommandeure sind sogar – zum Teil durch Heirat, zum Teil durch Aufnahme in den Kreis der »Freunde« und »Wohltäter« des Königs – in die Führungsschicht des Reiches aufgestiegen.

Einer dieser persischen Statthalter, die sich Satrapen nennen, ist Memnon († 333 v. Chr.) von der Insel Rhodos. Dareios hat ihn beauftragt, das westliche Gebiet bis hin zur Küste des Ägäischen Meeres gegen feindliche Einfälle abzusichern und den Kontakt zu den griechischen Verbündeten, insbesondere Sparta, zu halten. Der persische Großkönig selbst sitzt 2000 Meilen entfernt in Susa, seiner Hauptstadt am Persischen Golf, auf dem Thron und misst einem erwarteten Angriff an den fernen Grenzen seines Reiches keine große Bedeutung bei. Er unterschätzt die Gefährlichkeit der Lage, ein Fehler mit weitreichenden Folgen. Ihm folgt gleich ein zweiter: Dareios ernennt, wahrscheinlich aus Rücksichtnahme auf das Ehrgefühl der kleinasiatischen Satrapen, die ja selber kleine Fürsten sind, keinen Oberbefehlshaber für den möglichen anatolischen Kriegsschauplatz. Für den Fall einer griechischen Invasion hat Memnon vorgeschlagen, die Taktik der »verbrannten Erde« anzuwenden, um die Griechen damit aller Hilfsquellen zu berauben und sie von vornherein zur Aufgabe zu zwingen. Die persischen Truppen sollen sich in die wilden Gebirge Kleinasiens zurückziehen, alle Viehherden mitnehmen und nur verbrannte Ernten und zerstörte Dörfer zurücklassen. Doch die anderen persischen Satrapen halten es für unehrenhaft, auf diese Weise zu kämpfen, und widersetzen sich Memnons Vorschlag. Auch für seinen weiteren Plan, Alexanders Nachschub über den Hellespont von der See her durch Einsatz der persischen Flotte zu unterbrechen, zeigen sie kein Verständnis. Für den persischen Adel gibt es aus einem Gefühl des Stolzes und der Ritterlichkeit heraus nur eins: den dreisten Eindringling in offener Feldschlacht herauszufordern und zu besiegen. Diese militärische und politische Kurzsichtigkeit kommt dem jungen, auf schnellen Erfolg und Ruhm bedachten makedonischen König sehr entgegen.

So bleibt Memnon nichts anderes übrig, als mit dem Granikos wenigstens eine natürliche Verteidigungslinie für die Aufstellung seines Heeres zu wählen. Hier erwartet er, nur zwei Tagesmärsche von Alexanders Landungsstelle entfernt und mit etwa 40.000 überwiegend aus Söldnern bestehenden Fußsoldaten längs des Flusses auf dem steilen Ostufer postiert, Alexanders Angriff. Besondere Hoffnung setzt Memnon in die starke persische Reiterei. Auch Alexander weiß, wie kampfstark und gefährlich sie ist. Aber als er mit seinen Truppen auf Sichtweite heran ist, erkennt er gleich, dass die persischen Reiter strategisch vollkommen falsch aufgestellt sind. Die Ursache dafür ist ihr Hochmut. Sie fühlen sich den zu Fuß kämpfenden Söldnern an Kampfkraft und Tapferkeit überlegen und beanspruchen deshalb die vorderste Position. Diese nehmen sie in einer lang gezogenen Linie direkt am Ufer auch ein, noch vor der ein Stück dahinter abgeschirmt auf einem Hügel stehenden Fußtruppe. Vielleicht soll diese imposante Massierung der anatolischen Reiter in vorderster Front abschreckend wirken. Aber diese Wirkung verfehlt sie vollkommen. Im Gegenteil, mit seiner überdurchschnittlichen strategischen Begabung registriert Alexander sofort, dass eine reine Angriffswaffe wie die Kavallerie mit dieser verfehlten Aufstellung von vornherein in die Defensive gedrängt ist. Spontan beschließt er, diese Schwäche durch einen Frontalangriff seiner eigenen Reiterei unverzüglich auszunutzen. David wählt eine Strategie, mit der Goliath überhaupt nicht rechnet, und greift genau dort an, wo sich der Gegner am stärksten fühlt.

Alexanders erfahrene Heerführer mahnen den jungen König zur Vorsicht. Der Fluss sei zwar seicht und man könne ihn ganz gut durchwaten, sagen sie, aber das Steilufer auf der gegenüberliegenden Seite sei gefährlich und schwer zu nehmen. Es sei für den Gegner vorteilhaft, wenn Alexander den Fluss direkt unter den Augen des Feindes und noch dazu unter diesen Umständen, quasi wie auf einem Präsentierteller, überquere. Aber Alexander schlägt alle Warnungen in den Wind. Denn er hat sich vermutlich genau deshalb entschlossen, gewissermaßen aus einem moralischen Vorteil heraus, an der Stelle anzugreifen, wo die persischen Reihen am massiertesten zu sein scheinen. Ein wahrlich riskantes Unterfangen, mit dem schon in dieser ersten Schlacht auf asiatischem Boden das Klischee seiner Feldherrnkunst und aller seiner folgenden Schlachten deutlich wird: offensiv, geradezu ungestüm, fast leichtfertig und ganz von persönlichem Einsatz geprägt.

An der Spitze einer Schar ausgewählter Reiter stürmt Alexander auf seinem Lieblingspferd, dem er den Namen »Bukephalos« gegeben hat und das ihn bis nach Indien tragen wird, in das seichte Wasser des Flusses. »Bukephalos« bedeutet »Ochsenkopf« und geht wohl darauf zurück, dass das vermutlich rotbraune Pferd – diese Farbe hat es im Alexandermosaik – eine weiße Blesse in der Form eines Ochsenkopfes auf der Stirn hatte. Plutarch berichtet in seiner Alexanderbiografie, König Philipp habe es für seinen Sohn zu einem völlig überteuerten Preis von 15 Talenten (damit konnte man 1500 Söldner bezahlen!) von einem Händler erworben. Das Pferd ist jedoch so wild, dass niemand es reiten kann. Alexander findet den Grund für seine Wildheit heraus: Es fürchtet sich vor seinem eigenen Schatten. Er reitet es daher so lange gegen die Sonne, bis es sich an seine Stimme gewöhnt und seine Furcht verloren hat. Der Vater habe, schreibt Plutarch, vor Freude geweint, Alexanders Stirn geküsst und zu ihm gesagt: »Such dir ein Reich, mein Sohn, das deiner würdig ist, denn Makedonien ist für dich nicht groß genug!«

So wie Goliath der Legende nach überrascht war, als der anscheinend waffenlose David direkt auf ihn zukam und ihn unvermittelt mit einem geschleuderten Stein ins Auge traf, so werden die auf dem Steilufer postierten Perser von dem tollkühnen und in schiefer Schlachtordnung vorgetragenen Reiterangriff Alexanders mitten durch den Fluss völlig überrascht. Es gelingt Alexander, mit seiner kleinen Streitmacht dank der exzellenten Pferde und der vorzüglichen Reitkunst seiner Soldaten das überhöhte, glitschige Ufer zu erklimmen und in die persischen Reihen einzudringen. Die Perser weichen zurück. Aber jetzt folgt der entscheidende Moment der Schlacht. Alexander, weithin an seinem mit einer weißen Feder geschmückten Helm erkennbar, ist plötzlich von Feinden umringt. Spithridates, ein persischer Adliger, schwingt seine Streitaxt und versetzt Alexander einen wuchtigen Hieb auf den Kopf. Sein Helm ist schwer beschädigt, Alexander kann sich gerade noch im Sattel halten, doch er ist benommen und zur Verteidigung unfähig. Der Perser holt schon zum zweiten Schlag aus, der tödlich sein wird. In diesen Sekunden entscheidet sich die Zukunft des Persischen Reiches und der gesamten westlichen Geschichte.

Im letzten Augenblick ist Alexanders Leibwächter und Freund Kleitos – einige Jahre später wird Alexander ihn im Alkoholrausch töten – zur Stelle. Er schleudert seinen Speer auf Spithridates, der tödlich getroffen zusammenbricht. Die Reiter bilden einen engen Ring um ihren jungen König und schützen ihn so lange, bis auch die restlichen Kavallerieeinheiten auf dem anderen Ufer sind und der Angriff fortgesetzt werden kann. Diejenigen persischen Reiter, die ihn überleben, wenden sich zur Flucht. Die dahinter postierten griechischen Söldner wehren sich mit ihren langen Speeren tapfer, werden aber von den kretischen Bogenschützen mit Pfeilen eingedeckt und von den nachrücken-

den makedonischen Elitetruppen im Nahkampf niederge-
metzelt. Nach den antiken Quellen, vornehmlich von
Arrian und Plutarch, sind 20.000 Perser gefallen, darunter
viele Führer, während Alexander lediglich 34 Männer verloren haben soll.

Wahrlich ein spektakulärer, verblüffender Sieg, der allerdings an einem seidenen Faden hing. Als sich die Kunde
davon verbreitet, nimmt man das fast überall mit einem
gewissen Erstaunen zur Kenntnis, auch in Susa. Doch
Dareios begreift noch immer nicht, was sich da anbahnt.
Und in Athen spottet man. Für die Seemacht Athen bedeutet ein Sieg zu Lande weit im Osten wenig, solange das
Meer vom Gegner beherrscht wird und der Angreifer von
seiner Basis getrennt ist. Alexander sendet aus der Kriegs-
beute 300 kostbare Rüstungen als Weihgabe für die Göttin
Athene und den Tempel der Akropolis nach Athen. Nach
Darstellung des antiken griechischen Schriftstellers Arrian,
der sogar von 3000 Rüstungen spricht, waren sie mit der
Widmung versehen: »Alexander, der Sohn des Philippos,
und die Hellenen mit Ausnahme der Spartaner weihen
diese (Rüstungen) als Siegerbeute von den Barbaren, die
Asien bewohnen.« Um zu verdeutlichen, der Feldzug sei
eine gemeinsame Sache aller Griechen, vermeidet Alexander taktvoll jeden Hinweis auf die Makedonen und erwähnt auch nicht seinen Königstitel. In der makedonischen
Stadt Dion lässt er Bronzeplastiken derjenigen 24 Makedonen aufstellen, die sich unter den 34 am Granikos Gefallenen befanden. Die Angehörigen der Toten werden von allen Steuerlasten befreit. Die griechischen Söldner, die am
Granikos gefangen genommen wurden, lässt Alexander in
Ketten legen und ebenfalls nach Makedonien bringen, wo

sie als Sklaven in den Erzbergwerken arbeiten müssen, weil sie, wie er verkündet, »die gemeinsame Sache von Hellas« verraten hätten. Wieder hat man auf der Akropolis nur Spott übrig, denn eine solche gemeinsame Sache gibt es aus Sicht der Athener überhaupt nicht.

Es hat nicht viel gefehlt, dann wäre das ganze Unternehmen schon beim ersten Ansturm gescheitert und die folgenden drei Schlachten Alexanders auf asiatischem Boden hätten nicht stattgefunden. Wäre Alexander im Mai des Jahres 334 v. Chr. am Granikos schon im Alter von 21 Jahren getötet worden – und nicht erst nach der Eroberung des persischen Weltreichs zehn Jahre später –, dann wäre der makedonische Feldzug sehr wahrscheinlich schnell zusammengebrochen und die Weltgeschichte hätte einen völlig anderen Verlauf genommen. Alexander stand im entscheidenden Augenblick das Glück zur Seite. Nach seinem schnellen Sieg öffneten ihm mehrere griechische Städte an der kleinasiatischen Küste bereitwillig ihre Tore, nur in den Häfen Milet und Halikarnassos formierte sich hartnäckiger Widerstand. Mit diesem Überraschungssieg am Granikos war der erste Schritt getan. Das Tor nach Asien stand für Alexander nun weit offen.

TÖDLICHE UMFASSUNG

Cannae, 2. August 216 v. Chr.

Welch kühner Entschluss! In der langjährigen Auseinandersetzung zwischen Karthago und Rom hat sich Hannibal entschieden, den Kriegsschauplatz direkt nach Italien hinein zu verlegen, um die Unabhängigkeit Karthagos zu wahren und einem römischen Angriff auf Spanien zuvorzukommen. Damit beginnt er den sogenannten Zweiten Punischen Krieg. Im Alter von nur 26 Jahren hat Hannibal (246–183 v. Chr.) im Jahr 221 v. Chr. den höchsten militärischen Posten Karthagos erhalten. Seitdem trägt er stets eine kleine Herakles-Statuette bei sich, die einst Alexander dem Großen gehört haben soll. Im Frühjahr 218 v. Chr. wählt Hannibal vom südlichen Spanien aus, wo sich seine Truppen in Neukarthago (Cartagena) versammeln, nicht den Seeweg, sondern er beschließt, über die Alpen zu marschieren, von Norden her in Oberitalien einzufallen und von dort aus das Römische Reich herauszufordern. Ein sehr gewagtes Unternehmen. Zwar hatten schon in früherer Zeit immer wieder größere Stämme die Alpen überquert, allen voran die Kelten, aber Hannibals Armee besteht nicht nur aus Fußvolk. Außer seinen 38.000 Fußsoldaten sollen auch 8000 Reiter und 37 Elefanten die schwierigen Pässe überwinden. Die Zahlenangaben schwanken. Nach Meinung einiger neuerer Autoren, wie zum Beispiel des spanischen Historikers Pedro Barceló, dürfte die tatsächliche Truppenstärke bei 30.000 Mann gelegen haben. Theodor Mommsen, der »Meister der Geschichtsschreibung«, ging hingegen davon aus, dass Hannibal sogar mit einem Heer von 37 Elefanten, 50.000 Fußsoldaten und 9000 Reitern aufgebrochen sei, wovon etwa zwei Drittel Afrikaner und ein Drittel Spanier gewesen seien. Und er fügte hinzu, »der sichere Takt geschichtlicher Erinnerung« nenne diesen Alpenübergang stets mit größerer Bewunderung als die nachfolgenden Erfolge des karthagischen Feldherrn.

Hannibal, der geniale Krieger, »der wagemutigste von allen, vielleicht der erstaunlichste, so kühn, so sicher, so groß in allem«, wie Napoleon auf St. Helena begeistert über ihn schreibt, zieht zunächst die Rhône entlang. Dann biegt er nach Osten ab Richtung Grenoble und folgt dem Flusslauf der Isère. Als die Berge erreicht sind, wählt Hannibal vermutlich den Weg über den Mont Cenis. Dieses breite und fruchtbare Tal ist schon in alter Zeit die große Heerstraße gewesen, auf der man über nur zwei steile Bergkämme von Gallien nach Italien gelangen konnte. Hannibal ist zuversichtlich, das gewagte Unternehmen auf den schlüpfrigen, tückischen Wegen ohne größere Verluste durchführen zu können. Aber es grenzt an Wahnsinn. In kalten Sommern liegt hier das ganze Jahr über Schnee. Als das karthagische Heer im Oktober 218 v. Chr. den steilen Pass am rund 2950 Meter hohen Col de la Traversette erreicht, bricht bei klirrender Kälte ein heftiger Schneesturm los.

Hannibal hat es eilig. Denn die Versorgung eines so großen Heerhaufens über mehrere Wochen in schwierigem Gelände stellt ein ernstes Problem dar und ist allein schon eine logistische Meisterleistung. Die Vorräte gehen zur Neige, die Elefanten sind schon halb verhungert. Die grell bemalten und mit ledernen Kopfharnischen ausgerüsteten exotischen Kolosse sollen nicht nur als Kampfmaschinen eingesetzt werden. Hannibal hofft, dass allein schon ihr furchterregender Anblick die Feinde in Angst und Schrecken versetzt und in die Flucht schlägt. Wie die vielen Pferde sind auch die Elefanten unruhig und nur mit äußerster Mühe in Linie zu halten. Solche Berghöhen sind die Tiere nicht gewohnt, sie kennen überhaupt keinen Schnee. Es ist gefährlich, den Pass bei diesem Wetter zu überqueren, Mensch und Tier gleiten ständig aus. Der frisch gefallene Schnee bedeckt auf den Wegen den bereits gefrorenen älteren Schnee, die Lawinengefahr ist groß. Aber Hannibal schlägt alle Warnungen in den Wind. Er will noch vor Einbruch des Winters über die Berge, solange die Pässe noch offen sind. In Dreierreihen marschieren die Männer den Pass hinauf und erreichen die Höhe des Col de la Traversette. Beim Abstieg ins Tal passiert es: Eine gewaltige Lawine stürzt krachend auf Hannibals Heer und überrollt es mit ungeheurer Wucht. 18.000 Soldaten werden getötet, 2000 Pferde und die meisten Elefanten. Fast die Hälfte der Armee geht verloren, eine Katastrophe für die Karthager mit nachhaltigen Auswirkungen. Ist Hannibal nun noch stark genug, das mächtige Rom anzugreifen?

Als er 15 Tage später die Poebene erreicht, sind die Römer verblüfft. Mit einem derartigen Einfall von Norden her haben sie nicht gerechnet. Ihre Aufregung ist groß. Marcus Tullius Cicero (106–43 v. Chr.) wird später in seinen »Philippischen Reden« die Worte »Hannibal ad portas« (nicht »ante«) gebrauchen (»Hannibal bei den Toren«), eine bis heute gebräuchliche, allerdings zu »Hannibal vor den Toren« umformulierte Redewendung, mit der eine den Staat bedrohende Gefahr bezeichnet wird, genauer gesagt, die Furcht, angegriffen zu werden. Der zum geflügelten Wort gewordene Schreckensruf »Hannibal ante portas!« ist historisch ungenau, denn Hannibal stand nie unmittelbar vor Rom.

Die Römer heben in aller Eile neue Truppen aus. Noch im Dezember des Jahres 218 v. Chr. kommt es an der Trebia mit einem angreifenden Heer des römischen Konsuls Longus zum Kampf, in dem Hannibal aufgrund einiger taktischer Kniffe die Oberhand behält. Auch die nächste Schlacht am Trasimenischen See im Jahr 217 v. Chr. gewinnt er, weil es ihm gelingt, das Heer des unbedachten und leichtsinnigen Gaius Flaminius in eine Falle zu locken. Plündernd ziehen Hannibals Truppen daraufhin durchs Land. Aber sie marschieren nicht gen Rom, sondern nach Umbrien an der Küste des Adriatischen Meeres. Hier will ihnen Hannibal eine Pause gönnen. Sein Heer ist durch die Katastrophe in den Alpen und die beiden nachfolgenden Schlachten stark dezimiert. Die Soldaten, die überlebt haben, sind völlig erschöpft. An der Ostküste Italiens sollen sie sich erholen und reorganisieren.

Hannibal ist unermüdlich und ununterbrochen damit beschäftigt, seine Truppen unter Berücksichtigung der bisherigen Kampferfahrungen neu auszubilden. Der römische Geschichtsschreiber Livius (um 59 n. Chr.–um 17 n. Chr.) schreibt über ihn: »Keine Anstrengung konnte ihn körperlich erschöpfen oder ihn in seiner innerlichen Haltung bezwingen. Hitze und Kälte ertrug er gleichermaßen. Das Maß von Essen und Trinken bestimmte bei ihm das natürliche Bedürfnis, nicht der sinnliche Genuss. Die Zeiten des Wachseins und des Schlafens waren weder durch den Tag noch durch die Nacht geschieden. Nur so viel Zeit war dem

Ausruhen gegönnt, als von seiner dienstlichen Tätigkeit nicht beansprucht wurde. Und dieser Ruhe gab er sich nicht auf einem weichen Lager hin, noch benötigte er für sie Stille. Viele erblickten ihn oft, nur mit einem Soldatenmantel bedeckt, auf dem Boden zwischen den Posten und Feldwachen liegend.«

Nach Abschluss der sorgfältigen Ausbildung und Reorganisation seines Heeres bricht Hannibal erneut auf und marschiert langsam an der Küste entlang ins südliche Italien, wo ihm die weiten Felder und fruchtbaren Ebenen Apuliens besonders gut für eine Entscheidungsschlacht geeignet erscheinen. Hier könnte sich sein kampfkräftiges, 10.000 Mann starkes Reiterheer bestens entfalten. Das Fußvolk hat er wieder auf etwa 40.000 Mann auffrischen können, aber es ist ein bunt zusammengewürfelter Haufen aus verschiedenen Völkerschaften: Lybier, Numidier und Phönizier sollen neben Balearen, Iberern, Kelten, Ligurern, Italikern und Griechen kämpfen. Ein derartiges Völkergemisch stärkt nicht gerade die Schlagkraft einer Truppe.

In Rom hat der Senat angesichts der Bedrohung inzwischen zum äußersten Mittel gegriffen und Quintus Fabius Maximus (um 275–203 v. Chr.) zum Diktator ernannt. Er ändert die bisherige Kriegsstrategie und vermeidet, sich dem Gegner auf für die Römer ungünstigem Gelände zur Schlacht zu stellen. Er weicht Hannibal aus und setzt auf das gewaltige Reservoir der römischen Legionen, auf die unerschöpflichen Vorräte, die Rom angesammelt hat, und auf die Zeit. Mit seiner hinhaltenden Taktik will er den Feind so lange zermürben, bis er erschöpft aufgeben muss. Trotz des ständigen Kontaktes, den Hannibal mit Südspanien, Karthago und seinen wichtigsten Verbündeten mittels eines Stabes von Boten, Kurieren und schnellen Schiffen hält, hat er in der Tat erhebliche Nachschubprobleme, zumal die römische Flotte die Seewege kontrolliert.

Nach dem Motto »Der Krieg ernährt den Krieg« verwüsten Hannibals Truppen weiterhin die fruchtbaren Landschaften Apuliens und Campaniens nach Belieben, versorgen sich vorwiegend aus dem Land und machen reiche Beute. Die Bevölkerung, vor allem die Bauern, die unter den ständigen Überfallen besonders zu leiden haben, verleihen Quintus Fabius Maximus wegen seiner behutsamen Bedächtigkeit bald den Beinamen »Cunctator«, der »Zauderer«. Er erlässt, wie Livius berichtet, ein Edikt an die Landbevölkerung, mit dem er »alle, die in unbefestigten Städten und Marktflecken wohnen«, auffordert, »in sichere Orte« zu ziehen und die Dörfer umgehend zu verlassen, durch die Hannibal wahrscheinlich marschieren werde. »Vorher aber sollen sie ihre Häuser anzünden und die Feldfrüchte vernichten, damit nicht der geringste Vorrat bleibe.«

Die Kritik an der Kriegsführung des Quintus Fabius Maximus Cunctator wird immer lauter. In Rom setzt sich die Partei durch, die für schnelles, entschlossenes Handeln eintritt. Die Amtszeit des Diktators wird nicht verlängert, und für das Jahr 216 v. Chr. wählen die pragmatischen Römer wieder zwei Konsuln: Gaius Terentius Varro und Lucius Aemilius Paullus, die beide militärisch erfahren sind, aus unterschiedlichen Lagern stammen und sich jeden Tag als Befehlshaber ablösen, sollen einen Umschwung in der Kriegsführung herbeiführen. Der Senat weist sie an, Hannibal endlich zu einer Entscheidungsschlacht zu stellen.

Durch neue Aushebungen steigt das römische Heer binnen Kurzem auf das Doppelte seiner gewöhnlichen Stärke an. Es ist das größte, das Rom bis dahin je aufgeboten hat. Zu den acht aus römischen Bürgern bestehenden Legionen kommen acht weitere aus den verbündeten Städten hinzu, insgesamt 80.000 Mann zuzüglich 6000 Reitern. Dieser gewaltigen Streitmacht ist das karthagische Heer mit 32.000 Mann schwerer Infanterie, 8000 Mann leichter Infanterie und 10.000 Mann Kavallerie deutlich unterlegen. Es hat am Fluss Aufidus in der Nähe des strategisch wichtigen Stützpunktes Cannae in für die Kavallerie günstigem, flachem Gelände Stellung bezogen. Konsul Aemilius Paullus hält es deshalb für besser, sich hier nicht zum Kampf zu stellen, sondern lieber weiterzuziehen und die Karthager so lange hinter sich her zu locken, bis eine für das römische Fußvolk günstigere Position eingenommen werden kann. Varro ist anderer Meinung. Er will nicht länger warten, sondern die Karthager am Aufidus sofort angreifen. Er setzt sich durch. Das römische Heer zieht Hannibal entgegen und errichtet an beiden Ufern des Aufidus, nur zwei Kilometer vom Gegner entfernt, zwei Lager.

Der Schlachtplan der Römer ist ebenso einfach wie einfallslos. Die römischen Konsuln sind nicht in der Lage, die drückende numerische Überlegenheit ihrer Truppen auszunutzen. Vielleicht ist die große Siegesgewissheit, die angesichts der gewaltigen Stärke ihres eigenen Heeres vorherrscht, der Grund dafür, vielleicht sind die römischen Feldherren aber auch schlicht überfordert. Sie setzen darauf, dass der massive Angriffskeil ihrer schwer bewaffneten Legionen einfach unwiderstehlich sein wird. Sie vertrauen blindlings auf die überlegene Masse und Schlagkraft ihrer Infanterie, die die Linien des Gegners im Zentrum wuchtig durchbrechen und alles niederwalzen soll. Schon seit geraumer Zeit kämpfen die römischen Legionäre nicht mehr in langen, dichtgeschlossenen Linien, eine Taktik, die sie von den Griechen gelernt und übernommen hatten. Da es sehr schwer war, eine solche Ordnung im Kampf zu halten, machten die Römer ihre Legionen beweglicher und teilten sie in kleine Gruppen auf, die wie die schwarzen Felder auf einem Schachbrett angeordnet waren.

Gaius Terentius Varro, der am 2. August 216 v. Chr. den Oberbefehl hat und an diesem Tag seine Truppen schon bei Sonnenaufgang aus den Lagern ausrücken und mit der Front nach Süden in Schlachtordnung aufstellen lässt, weicht weitgehend von diesem Prinzip wieder ab. Am rechten Flügel, unmittelbar am Flussufer, postiert er unter dem Kommando von Aemilius Paullus 4000 römische Reiter und auf dem linken Flügel unter seinem eigenen Kommando die 2000 Reiter der Bundesgenossen. Im Zentrum, das von zwei früheren Konsuln kommandiert wird, steht die leichte Infanterie in einer einzigen geraden und dünnen Linie. Dahinter ist schwere Infanterie aufgestellt, und zwar so kompakt, dass sie wenig Bewegungsspielraum hat. Außerdem ist sie nach hinten so tief gestaffelt, dass die Frontbreite kürzer ist als die Tiefe. Varro will dadurch einen im Zentrum erwarteten Frontalangriff Hannibals auffangen. Doch die ungewöhnlich tiefe Staffelung nach hinten verhindert, dass sich möglichst viele römische Soldaten am Kampfgeschehen beteiligen können. Die römischen Legionen, deren Soldaten einen Eid schwören müssen, ihre Reihen weder aus Angst noch zur eigenen Rettung zu verlassen, haben sich, wieder wie früher, in eine mächtige Phalanx verwandelt und dadurch erheblich an Manövrierfähigkeit eingebüßt.

Hannibal lässt sein ganzes Heer über den seichten Aufidus setzen und bringt es südlich der römischen Position und östlich von Cannae ebenfalls in Stellung. Auf dem linken Flügel, unmittelbar am Fluss und Paullus' römischer Kavallerie direkt gegenüber, formieren sich seine iberischen und keltischen Reiter unter dem Befehl von Hasdrubal, und auf dem rechten Flügel, gegenüber Varro, die von Hanno und Maharbal befehligten numidischen Reiter. Unterstützt wird die Kavallerie an den Rändern von Hannibals besten Infanteristen, den afrikanischen Fußtruppen. Im Zentrum, dem neuralgischen Punkt, führt Hannibal selbst zusammen mit seinem Bruder Mago. Hier postiert er das vorwiegend mit römischen Beutewaffen ausgerüstete Fußvolk so, dass die mittleren Abteilungen, und zwar die der Gallier und Iberer, die am schwächsten und am wenigsten kampfkräftig sind, etwas vorgerückt stehen und die sich links und rechts anschließenden etwas zurückgenommen. Dadurch nimmt die gesamte Infanterieaufstellung die Form eines Halbmonds an. Hannibal verfolgt einen besonderen Plan. Vor seinen Kriegern hält er eine kurze Ansprache, die mit den Worten endet: »Siegt ihr in diesem Kampf, so werdet ihr die Herren ganz Italiens und von den jetzigen Mühen erlöst sein. Wenn ihr alle Reichtümer Roms in euren Besitz gebracht habt, werdet ihr durch diese Schlacht Fürsten und Gebieter der ganzen Erde werden! Daher bedarf es nicht mehr der Worte, sondern der Tat!«

Es sind die Römer, die die Schlacht mit einem Geschosshagel ihrer in vorderster Linie postierten leichten Infanterie eröffnen. Hannibal antwortet mit einem Kavallerieangriff auf seinem linken Flügel unmittelbar am Aufidus. Wegen des dort von den Flussbiegungen eingeengten Raumes ist es nicht möglich, wie sonst üblich zu wenden und erneute Attacken zu reiten. Deshalb preschen Hasdrubals iberische und keltische Reiter derart stürmisch vor, dass sie die von der konzentrierten Wucht überraschten römischen Reiter gleich mit dem ersten Stoß vom Pferd reißen und im Kampf Mann gegen Mann erbarmungslos niedermetzeln. Der gesamte rechte römische Flügel des Konsuls Aemilius Paullus wird überrumpelt und aufgerieben.

Aber nun setzen die römischen Kohorten, wie von Hannibal erwartet, im Zentrum zum Gegenstoß an. Die vorgeschobenen Gallier und Iberer in der Mitte, die ihre weißen Leinentuniken mit einem Purpurstreifen versehen haben und nur mit Kurzschwertern bewaffnet sind, halten nur kurze Zeit Stand, dann weichen sie zurück. Die nicht nur zahlenmäßig überlegenen römischen Legionäre richten ein Blutbad unter ihnen an, zwei Drittel aller karthagischen Verluste entstehen hier. Die weit ausgreifende halbmondförmige Vorwölbung verschwindet und biegt sich nach hinten in die andere Richtung zurück. Das entspricht genau Hannibals taktischem Plan. Denn die sich gegenseitig bedrängenden und im Weg stehenden Römer stoßen ungestüm nach und strömen der Mitte zu.

In diesem Moment beginnen auf beiden Flanken die lybischen Elitetruppen Hannibals und die halbnackten Kelten mit ihren riesigen Schwertern um die römischen Legionäre herum einzuschwenken. Das bringt den römischen Vorstoß zum Stehen. Konsul Paullus, der sich vom rechten Flügel ins Zentrum gerettet hat und nach dem Bericht des griechischen Geschichtsschreibers Polybios (um 200–um 120 v. Chr.) hier selbst in den Nahkampf eingreift, erkennt die tödliche Gefahr einer Umfassung und versucht, ihr zu entgehen.

Noch ist der Kampf nicht entschieden. Auf dem linken römischen Flügel leisten Varros 2000 Reiter erbitterten Widerstand. Hannos und Marhabals numidische Reiter können ihre Linie nicht durchbrechen und überflügeln, im Gegenteil, sie geraten selbst in Bedrängnis. Das ist der kritische Punkt der Schlacht, wie es ihn in jeder Schlacht gibt. Hasdrubal auf dem linken karthagischen Flügel hat ihn offenbar rechtzeitig erkannt. Nachdem er dort die römische Kavallerie vernichtet hat, schwenkt er in einem weiten Bogen nach rechts ein und galoppiert mit seinen Reitern im Rücken der im Zentrum zum Stehen gekommenen römischen Infanterie in einem weiten Bogen hinüber auf den anderen Flügel, um Hanno, dem Sohn einer Schwester Hannibals, zu Hilfe zu kommen. Vergeblich versucht Varro, seine bundesgenössischen Reiter in Linie zu halten. Als sie plötzlich im Rücken angegriffen werden, ergreifen sie Richtung Osten die Flucht, verfolgt von Hannos Numidern, die fast alle töten. Unter den wenigen, die auf einem schnellen Pferd nach Venusia entkommen können, ist auch Terentius Varro.

Unterdessen vollendet Hannibal im Zentrum endgültig seinen strategischen Plan. Hasdrubal schwenkt mit seinen Reitern wieder zurück nach Westen und greift die römischen Kohorten an mehreren Stellen von hinten an. Die eingekreisten und ausmanövrierten römischen Legionäre wehren sich verzweifelt, nach hinten und vorn zugleich. Dabei findet Konsul Lucius Aemilius Paullus den Tod, und auch weitere ehemalige Konsuln und zahlreiche Senatoren lassen ihr Leben auf dem Schlachtfeld. Livius spricht von 47.000 Gefallenen, Polybios gar von 70.000. Über 10.000 römische

Schlacht bei Cannae (216 v. Chr.)

Adriatisches Meer

Aufidus

Lager der Römer

Aufidus

8

7

5

8

1

3

4

6

3

Cannae

2

Lager der Karthager

Legende

1 Schwere Reiterei der Karthager
2 Leichte Reiterei der Karthager
3 Afrikanisches Fußvolk
4 Iberisches und gallisches Fußvolk
5 Karthagische Leichtbewaffnete
6 Römische Leichtbewaffnete
7 Römische Legionen
8 Römische Reiterei

N

0   2500 m

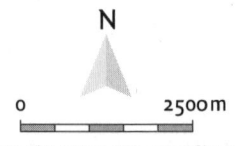

Entwurf: H.-D. Otto, Karte: geografik.net

Legionäre geraten in Gefangenschaft. Hannibal erringt einen glänzenden Sieg gegen einen zahlenmäßig weit überlegenen Gegner. Mit dem Plan, ihn einzukesseln, ist Hannibal ein hohes Risiko eingegangen. Wenn die Römer es geschafft hätten auszubrechen, wäre für Hannibal wahrscheinlich alles verloren gewesen. Nun aber ist der Mythos von der Unbesiegbarkeit der römischen Legionen endgültig dahin. Ihre Niederlage bei Cannae geht in die Annalen als schwärzester Tag der römischen Geschichte ein.

Das karthagische Heer hat nur 6000 Männer verloren, davon 5000 Iberer und Kelten. Theodor Mommsen schreibt: »Es ist vielleicht nie ein Heer von dieser Größe so vollständig und mit so geringem Verlust des Gegners auf dem Schlachtfeld selbst vernichtet worden wie das römische bei Cannae.« Hannibal steht im Zenit seiner Machtentfaltung. Er befiehlt seinen Kriegern, den Goldschmuck von den Körpern der auf dem Schlachtfeld liegenden Gefallenen einzusammeln. Als Beweis seines grandiosen Sieges schickt er diese Sammlung nach Karthago. In Rom sucht man nach einem Sündenbock und findet ihn schnell in Terentius Varro, der zuvor im Senat in großspurigen Reden erklärt hatte, er werde im Gegensatz zu seinen unfähigen Vorgängern den ganzen Krieg noch am Tag der ersten Feindberührung entscheiden. Nun wird Varro zum Alleinschuldigen erklärt.

Als Hannibal nach der siegreichen Schlacht einen Kriegsrat einberuft, fordern ihn einige seiner Feldherren auf, sofort nach Rom zu marschieren. Da Hannibal zögert, ruft ihm sein Reiterführer Maharbal nach der Schilderung durch Livius zu: »Zu siegen verstehst du, Hannibal, den Sieg zu nutzen, verstehst du nicht!« Vielleicht wäre gerade jetzt tatsächlich militärisch und psychologisch der beste Zeitpunkt gewesen, Rom zu belagern und mit seiner Einnahme den Krieg zu beenden. Aber Hannibal versucht es nicht einmal, vielleicht der folgenreichste Fehler des ganzen Krieges. Warum nutzt er die Gunst des Augenblicks nicht? Diese Frage ist nicht leicht zu beantworten, denn authentische Aufzeichnungen gibt es darüber nicht. War die karthagische Armee, für deren gefallene oder verwundete Soldaten nur sehr schwer Ersatz beschafft werden konnte, weil die römische Flotte alle Seewege blockierte, nicht mehr stark genug für eine weitere offensive Kriegsführung? Oder setzte Hannibal auf eine politische Lösung? Erwartete er, dass Rom nun zu einem Frieden bereit war?

Dafür spricht Einiges. Denn immerhin schließen sich unter dem Eindruck des Sieges von Cannae einige süditalienische Gebiete und Städte in Samnium, Apulien, Lukanien und Bruttien den Karthagern an. Im Winter 216/15 folgt das wohlhabende campanische Capua, damals die zweitgrößte Stadt Italiens, 214 Syrakus und 212 auch Tarent. Dennoch beugt Rom sich nicht und ist zu keinem Kompromiss bereit. Das mittelitalienische Bündnissystem bricht nicht zusammen, die Latriner, Etrusker, Sabiner und Umbrier halten Rom weiterhin die Treue, und die wichtige Hafenstadt Neapel widersteht mehreren Versuchen Hannibals, sie einzunehmen. Polybios bescheinigt Hannibal einen »überragenden Geist und Willen«. Aber nach dem aufsehenerregenden und die Welt in Erstaunen versetzenden Sieg von Cannae gelingt es Hannibal nicht, den Krieg zu beenden. Anders als Alexander, der die Machtzentren des persischen Reiches – Susa und Persepolis – einnahm, zieht Hannibal nicht als Sieger in Rom ein. Das sollte sich bitter rächen.

Caesar versus Pompeius

Pharsalos, 9. August 48 v. Chr.

Gaius Julius Caesar steht vor einem Bildnis Alexanders des Großen, verbeugt sich und spricht zu ihm, er selbst habe in einem Alter, in dem Alexander sich die ganze Erde unterwarf, noch nichts Bemerkenswertes geleistet. Diese Überlieferung eines Biografen ist jedoch lediglich eine berühmte Anekdote. Aber sie zeigt, dass Caesar am Anfang seiner politischen Karriere nicht mehr als ein kleiner David war, ein mutiger, schlauer und vom Glück begünstigter David, der sich anschickte, das mächtige Rom herauszufordern und schließlich zu besiegen. Es gelang ihm, wie wir wissen. Caesar wurde der neue Diktator. Er bezwang seinen großen Widersacher Gnaeus Pompeius in einer Entscheidungsschlacht. Dieser Triumph war durchaus überraschend, denn Caesars Siegchancen gegen die zahlenmäßig überlegenen Legionen Roms waren eher gering. Wir werden gleich sehen, wie es dazu kam und welche Gründe dazu führten, wenngleich es etwas schwierig ist, den aus mühseliger Kleinarbeit bestehenden Aufstieg dieses Mannes nachzuzeichnen. Sein Leben ist sicherlich außergewöhnlich gewesen, doch so richtig hineinschauen können wir nicht. Vor uns liegen im Grunde nur die Konturen eines Schattenrisses, nur die äußeren Daten sprechen zu uns.

Sein Vater stammt zwar aus dem angesehenen Patriziergeschlecht der Julier und die Mutter kommt aus der ebenso bedeutenden plebejischen Familie der Aurelier, doch als Gaius Julius Caesar am 13. Juli des Jahres 100 v. Chr. das Licht der Welt erblickt, deutet noch nichts darauf hin, dass er einmal die Welt beherrschen würde. Im Alter von 16 Jahren wird er mit Cornelia verheiratet, der Tochter des einflussreichen Cornelius Cinna, einem Mitstreiter des Gaius Marius, der auf dem besten Wege ist, die Nummer eins in Rom zu werden. Doch die Rechnung geht nicht auf. Im Bürgerkrieg des Jahres 80 v. Chr. behält Sulla, sein schärfster Gegner, die Oberhand. Caesars Name steht zwar nicht auf den Todeslisten, die während der daraus resultierenden blutigen Verfolgungen auf den großen Plätzen Roms ausgehängt werden, aber auch sein Leben ist bedroht. Sulla fordert, dass er sich von Cornelia scheiden lässt, doch Caesar weigert sich standhaft und selbstbewusst. Vielleicht hat Sulla das imponiert, vielleicht haben auch Freunde ein gutes Wort eingelegt, Caesars Befehlsverweigerung bleibt jedenfalls ohne Folgen. Hier zeigt sich zum ersten Mal die »felicitas Caesaris«, die in folgenden Jahrhunderten und wohl auch schon zu seinen Lebzeiten zum Begriff wird: Caesar hat großes Glück!

Dieses Glück bleibt ihm bis zu seinem tragischen Tod treu. Er durcheilt die römische Ämterlaufbahn, wird 69 v. Chr. zum Quaestor von Südspanien, dem obersten Finanzbeamten, ernannt und vertritt 65 v. Chr. als Aedil die Ordnungs-, Markt-, Sitten- und Gesundheitsbehörde Roms. Da er in dieser Eigenschaft auch für die Belustigung des Volkes zuständig ist und allerlei Spektakel aus eigener Tasche finanzieren muss, ist er bald bis über beide Ohren verschuldet. Er verbündet sich mit Licinius Crassus, dem reichsten Mann Roms, und wird im Jahre 63 v. Chr. trotz heftigen Widerstands im Senat und trotz älterer und deshalb würdigerer Bewerber mit erst 37 Jahren Pontifex maximus, oberster Priester. Caesar zahlt Unsummen an Bestechungsgeldern,

die seinen bereits erheblichen Schuldenberg noch vergrö-
ßern. Am Tage der Wahl sagt er zu seiner Mutter, er komme
entweder gewählt oder gar nicht wieder. Er wird zwar gewählt, steht aber praktisch vor dem Ruin. Wieder hilft ihm
das Glück. Im Jahr 62 v. Chr. wird er Statthalter (Prätor)
von Südspanien und versteht es, durch hemmungsloses und
brutales Ausbeuten der Provinz seine Finanzen zu sanieren.

Caesars bisheriger Weg hat eins ganz deutlich gemacht:
Er ist ein reiner Machtmensch. Sein ehrgeiziges, alles be-
herrschendes Streben nach Macht, sein sehnlichster
Wunsch, einmal der Herr Roms und seines Herrschafts-
bereichs zu sein, bestimmt sein Tun und Handeln. Der
Weg dorthin ist für ihn unendlich weit, das weiß er. Und
er weiß auch, dass die Politik in Rom nach bestimmten
Spielregeln abläuft, die man beherrschen muss. Seine Ämterlaufbahn und die vielen Sitzungen im Senat – noch auf
den untersten Bänken – helfen ihm, diese Spielregeln zu
erlernen und relativ schnell voranzukommen. Mit extra-
vagantem Auftreten, mit Klugheit und viel Mut bekämpft
er die Spitzen des Senats, zuweilen alles auf eine Karte set-
zend. Über seine politische Gesinnung lässt er keinen
Zweifel aufkommen: Er ist kein Freund der Optimaten,
der Adelspartei des Senats, sondern sympathisiert mit den
Popularen, der »Volkspartei«.

Doch vorerst steht er im Schatten eines Größeren. Der
märchenhafte Aufstieg des Gnaeus Pompeius, der schon
unter Sulla begonnen und dann vor allem im Osten des
Reiches mit erfolgreichen Feldzügen seinen Fortgang genommen hatte, liefert Caesar bestes Anschauungsmaterial
für eine glanzvolle politische Karriere. Momentan ist Pompeius der erfolgreichste Stratege und mächtigste Mann

Roms. Daran ändert auch die Tatsache nichts, dass Caesar im Jahre 59 v. Chr. zum Konsul gewählt wird. Indem es ihm durch geschicktes psychologisches Taktieren gelingt, Pompeius mit seinem Feind, dem reichen Crassus, zu versöhnen, legt er die Grundlage für eine künftige gemeinsame »Kleeblattpolitik«, einem Dreierbündnis zwischen ihm, Pompeius und Crassus. »Es soll nichts im Staate geschehen, was einem von den dreien missfällt«, heißt es im Wortlaut dieses Paktes, der unter dem Namen »Erstes Triumvirat« in die Geschichte eingeht.

Während Pompeius bereitwillig die Verwaltung der Ostprovinzen übernimmt, kann Caesar in Oberitalien in größerer Nähe zu Rom agieren. Von hier aus unternimmt er seine militärischen Feldzüge, die ihn in der Nachwelt zum großen Feldherrn gemacht haben. In seinem Werk »De bello Gallico« schildert er selbst, wie er in den Jahren 58 bis 51 v. Chr. ganz Gallien vom Rhein bis zu den Pyrenäen unterworfen hat. Nach diesem Gewinn einer der reichsten Provinzen der damaligen Welt für Rom tritt Caesar als strahlender Sieger in offene Konkurrenz zu Pompeius, der sich immer mehr dem Senat annähert.

Die wachsende Macht Caesars beunruhigt die Optimaten im römischen Senat. Da seine Abberufung ein offener Rechtsbruch gewesen wäre, suchen sie nach anderen Möglichkeiten, den unbequemen Mann kaltzustellen. Im Dezember des Jahres 50 v. Chr. kommt ein Senatsbeschluss zustande, der Caesar und Pompeius nach Rom zurückbeordert und ihnen auferlegt, ihr Heer gleichzeitig abzugeben. Aber am 1. Januar 49 v. Chr. bringt Metellus Scipio, der Schwiegervater des Pompeius, den Antrag ein, Caesar allein habe das Heer abzugeben, und er dürfe sich nur als Privatmann um das nächste Konsulat bewerben. Im Widerspruch zu seinem früheren Beschluss stimmt der Senat dem Antrag zu. Die Bemühungen Ciceros, einen Kompromiss herbeizuführen, scheitern. Am 7. Januar 49 v. Chr. erklärt der Senat, dem die zunehmende Macht Caesars ein Dorn im Auge ist, den Staatsnotstand und überträgt Pompeius diktatorische Vollmachten. Für den Fall, dass Caesar, der Führer der Popularpartei und erfolgreicher Feldherr, sich weigern sollte, Heer und Provinzen abzugeben, wird ein Prozess wegen Hochverrats gegen ihn vorbereitet. Caesar kann sich eigentlich nur noch fügen. Ihm wird klar, dass er das große Spiel um einen politischen, nichtmilitärischen Sieg verloren hat.

Insgesamt stehen zwar 50.000 Soldaten unter Caesars Kommando, die fast alle Feldzüge gegen die Kelten mitgemacht haben, aber von den neun kampferprobten Legionen sind acht in Gallien stationiert, zur Hälfte an der Loire und Saône, zur Hälfte in Belgien. In Oberitalien verfügt Caesar nur über eine einzige Legion, die 13., und diese 5000 Mann Infanterie und 300 Reiter werden kaum ausreichen, einen siegreichen Bürgerkrieg gegen Pompeius zu führen. Dennoch entschließt sich Caesar, nach neunjähriger Abwesenheit wieder den Boden seines Heimatlandes zu betreten und in Italien einzumarschieren. Am 19. Januar 49 v. Chr. überschreitet er an der Spitze seiner 13. Legion den kleinen Fluss Rubikon, das heißt, ein richtiger Fluss ist er eigentlich gar nicht. Der antike italienische Rubikon (lat.: rubico), der die Grenze zwischen der römischen Provinz Gallia cisalpina und dem eigentlichen Staatsgebiet Roms markiert, ist so klein, mehr ein Bach, dass er in den heutigen landläufigen Atlanten nicht zu finden ist. Wir wissen nicht einmal mehr, wo genau damals seine Ufer gewesen sind. Und doch ist sein Name so bekannt, dass ihn fast jeder halbwegs gebildete Mensch schon einmal gehört hat und um seine Bedeutung weiß. Dieser »Schritt über den Rubikon«, mit dem Caesar den Bürgerkrieg eröffnet und von dem es kein Zurück mehr gibt, geht in die Geschichte ein. Heute verbinden wir mit diesem historischen Ereignis eine Metapher, die benutzt wird, wenn wir zum Ausdruck bringen wollen, dass eine allgemein verbindliche Grenzlinie, eine bestimmte Schwelle nicht überschritten, ein Tabu nicht gebrochen werden darf, zum Beispiel in der Wissenschaft und Forschung. Als Caesar mit seinen wenigen Soldaten diesen kühnen Schritt wagt, seinen Fuß auf italienischen Boden setzt und damit Rom den Krieg erklärt, tut er den berühmten Ausspruch »alea iacta est« – eigentlich »Der Würfel ist geworfen worden« –, das im Deutschen meist ungenau mit »Der Würfel ist gefallen« übersetzt wird.

Kurz nach Überschreiten des Rubikon hält Caesar vor den Soldaten der 13. Legion eine Rede, in der er darlegt, warum er den Bürgerkrieg begonnen hat, im Wesentlichen nämlich aus höchstpersönlichen Motiven, zur Wahrung und Verteidigung seiner »dignitas«, seiner Würde, seiner Ehre und seines Ansehens. Angesichts des Blutvergießens, das noch folgen wird, kann man diesen Entschluss nur als ungeheuerlich, nahezu pathologisch bezeichnen. Vielleicht hat Caesar das selbst so empfunden, zumindest ein wenig, denn er hat seine Gründe später noch einmal in der Schrift »De bello civile« ausführlicher erläutert.

Seine Soldaten nehmen das so hin, wie er es sagt, und folgen ihm. Für den Fall des Sieges stellt er ihnen großzügige Geschenke in Aussicht. Caesar hat es stets verstanden,

seine Männer zu begeistern, auch für die Sache der Demokratie. Er behandelt sie nicht als seinesgleichen, aber als
langjährige Kameraden, die ein Recht darauf haben, die
Wahrheit zu erfahren und sie auch zu ertragen. Unter ihnen
ist kaum einer, dessen Namen er nicht kennt. In all den
Feldzügen hat sich ein persönliches Verhältnis entwickelt,
die Soldaten glauben und vertrauen ihrem Feldherrn, der
sie vorzüglich führt und seine eigene Spannkraft auf sie
überträgt. Die Bindung an den Feldherrn überwindet alle
persönlichen Skrupel. Die Legionäre sind bereit, sich für
Caesar aufzuopfern, auch wenn es gegen den Senat, gegen
Rom geht.

Dennoch ist Caesars strategische Lage alles andere als
günstig. Er befindet sich in der Illegalität, mit dem Schritt
über den Rubikon hat er die Verfassung gebrochen, und in
der ersten Zeit schließt sich ihm kaum jemand an. Im Gegenteil, gleich zu Beginn des Krieges läuft sein ranghöchs-
ter und fähigster Truppenführer Titus Labienus, dem er
noch im Vorjahr den Oberbefehl in Gallien übertragen
hatte, voller Erbitterung gegen seinen alten Freund und
Kriegsherrn zu Pompeius über und begibt sich in dessen
Hauptquartier. Der Grund für diesen Verrat ist wohl darin
zu sehen, dass Caesar ihn mit seinem Anspruch, neben
ihm das zweite Haupt der Demokratie zu sein, zurückge-
wiesen hatte.

In Italien herrscht die öffentliche Meinung vor, Caesar
werde nun von Ravenna an der Küste des Adriatischen
Meeres entlang über den Furlo-Pass geradewegs nach Rom
marschieren, das nicht weit entfernt ist. Die Römer glauben, in diesem Manne, dessen Konsulat mit Rechtsbrüchen
gepflastert war, erwachse ihnen ein neuer Cinna mit all sei-

nen Gräueln. Sie befürchten das Schlimmste. Man hofft auf Pompeius und seine kriegsgewohnten Legionen. Doch sieben davon stehen weitab in Spanien, andere weit verstreut in Sizilien, Syrien, der Provinz Asia, Makedonien und Afrika, und es würden Wochen vergehen, bis Teile davon auf dem Seeweg in Italien einträfen. Vor Ort hat Pompeius nur die zwei Legionen unter Waffen, die Caesar kürzlich abgegeben hatte und deren Zuverlässigkeit zweifelhaft war. Die knapp 7000 Mann und eine geringe Reiterschar kampieren bei Lucceria, etwa genauso weit entfernt von der Hauptstadt wie Caesars Soldaten bei Ravenna.

Pompeius ist zunächst durchaus entschlossen, Rom zu verteidigen. Doch als ihm gemeldet wird, Caesars Reiter stünden schon bei Arretium, nur wenige Kilometer von Rom entfernt, was sich später als Gerücht herausstellt, gibt er den Befehl, die Stadt zu räumen. Ein panischer Schrecken verbreitet sich in den Straßen, die vornehmen Senatoren strömen mit ihren Familien reihenweise aus den Toren, und auch die Konsuln fliehen Hals über Kopf nach Brundisium, wo ein Teil der Flotte liegt, ohne die Kassen in Sicherheit zu bringen.

Caesar will der Welt suggerieren, dass er, der Störenfried, nichts sehnlicher wünscht als den Frieden. Die Furcht müsse aus dem Staate verbannt sein, erklärt er, freie Wahlen seien nötig und der ganze Staat solle nur »dem Senat und dem römischen Volk anvertraut sein«. Er sei bereit, Pompeius mit seinen Truppen nach Spanien gehen zu lassen, er selbst wolle auf sein Heer verzichten und sich als Privatmann einer Abstimmung in Rom stellen. Dazu müsse man einen förmlichen Senatsbeschluss herbeiführen, lautet die Antwort aus Rom, zu dem es aber nie kommt. Bis in den Hochsommer des Jahres 48 v. Chr. hinein unterbreitet Caesar ständig neue Angebote. Gleich zu Beginn des Krieges kommt ihm ein Glücksumstand zur Hilfe: In Corfinium fallen seinen Truppen einige Optimaten in die Hände, darunter einige seiner erbittertsten Feinde. Er lässt sie alle frei und beruft sich nun fortan auf die »Milde von Corfinium«, um zu beweisen, dass »dies die neue Art zu siegen sei, indem man sich durch Mitleid und Großzügigkeit schütze«.

Inzwischen sind zwei Legionen aus Gallien zu Caesar gestoßen, und aus überall neu ausgehobenen Rekruten, Freiwilligen und Überläufern aus dem Feindeslager sind drei neue Legionen aufgestellt worden, so dass Caesar im Februar 49 v. Chr. in Italien bereits 40.000 Soldaten kommandiert. Pompeius sieht Italien als verloren an. Er schifft sich mit seinen Truppen in Brundisium ein, setzt sich nach Osten auf das Italien gegenüberliegende Ufer der Balkanhalbinsel ab und bleibt den ganzen Winter über in Thessaloniki.

Alles, was in Rom Rang und Namen hat, ist Pompeius in das Exil gefolgt, auch Cicero. Zurückgeblieben ist nur ein Rumpfsenat. Am 1. April 49 v. Chr. beruft ihn Caesar das erste Mal ein und lässt sich im Sommer zum Diktator ernennen, wodurch er eine legale Stellung erhält. Er hat nun Gallien und Italien, aber Afrika und Spanien sind noch in den Händen des Senats. Und im Osten vergrößert Pompeius von Tag zu Tag sein Heer, das alsbald an Größe das von Caesar erheblich übertrifft. Zudem beherrscht der Feind die Meere. Caesar ist sich bewusst, dass ein Übersetzen seiner Truppen nach Griechenland mit allergrößten Schwierigkeiten verbunden sein wird. Und er weiß auch, dass der Waffengang mit Pompeius unausweichlich ist und dass er bald erfolgen muss, denn durch die Blockade der feindlichen Schiffe gerät seine Armee zusehends in Verpflegungsschwierigkeiten. Auf den Straßen Roms machen die Kinder Kriegsspiele »Caesar gegen Pompeius«, aber als seine Truppen Richtung Osten aus der Stadt marschieren, ruft ihnen das Volk zu, Caesar solle sich mit Pompeius versöhnen.

Caesar hat nur wenige Schiffe zur Verfügung, als er am 4. Januar 48 v. Chr. mit sechs, durch Krankheiten und Strapazen arg gelichteten Legionen, insgesamt nur knapp 20.000 Soldaten und lediglich 600 Reitern, in Brundisium an Bord geht, so dass das Übersetzen nach Paleassa unter größten Mühen in mehreren Abschnitten erfolgen muss. Gleich nach der Landung kommt es bei Dyrrachium (Durazzo) zu einem ersten Gefecht, das Caesar verliert. Wenn Pompeius die Situation richtig erfasst hätte, wäre aus dieser Niederlage eine Katastrophe geworden. Caesar gesteht das sofort ein und tut den berühmten Ausspruch, Pompeius verstehe nicht zu siegen, andernfalls hätte er den Krieg an diesem Tage gewonnen.

Pompeius gerät unter enormen moralischen Druck. Die Optimaten jubeln bereits, ein schneller, endgültiger Sieg über Caesar erscheint ihnen nun so gut wie sicher, und sie malen sich bereits aus, wie sie bei den Siegesfeiern in Rom Rache an den Feinden nehmen werden. Nach Pompeius' Erfolg bei Dyrrachium und wegen der zahlenmäßigen Übermacht seiner Legionen glaubt in Rom kaum noch jemand daran, dass Caesar die nun unausweichlich erscheinende Entscheidungsschlacht gewinnen kann. Caesar bietet sie in Thessalien auch mehrmals an. Doch Pompeius weicht stets aus. Er möchte lieber bei seiner hinhaltenden

Strategie bleiben und Zeit gewinnen. Denn durch die fortwährend Rekrutierung von Soldaten und die Aufstellung
immer neuer Einheiten vergrößert sich sein Heer von Tag
zu Tag. Aber Pompeius kann sich im Senat nicht durchsetzen, er ist gezwungen, sich dem Aggressor zu stellen. Das
geschieht am 9. August des Jahres 48 v. Chr. bei Pharsalos
am Ufer des Enipeus.

Pompeius lehnt seinen rechten Flügel an den Fluss, Caesar ihm gegenüber seinen linken, während sich die beiden
anderen Flügel, jeweils gedeckt durch die Reiterei, weit hinaus in die Ebene erstrecken. Pompeius entschließt sich als
Erster zur Attacke, denn er hat erkannt, wie schwach Caesars Reiterei ist. Deshalb hält er seine Infanterie in der Defensive und führt mit seiner kräftemäßig weit überlegenen
Kavallerie einen heftigen Stoß gegen Caesars Reiter, um so
in den Rücken von Caesars rechtem Flügel zu gelangen.
Pompeius schafft es tatsächlich, die feindliche Reiterei aus-
einanderzusprengen. Er setzt bereits zur Umfassung an, die
Schlacht scheint gewonnen.

Aber bei Pharsalos zeigt sich Caesar auf der Höhe seines
Könnens. Er ist topfit, geistig und auch körperlich. Seine
Trunksucht, die ihm vor allem in der Jugend einige Probleme bereitet hat – Cato bezeichnete ihn in einer Senatssit-
zung einmal als Trunkenbold – hat er im Griff. Und auch
die Kopfschmerzen und plötzlichen Schwindel- und Ohn-
machtsanfälle, die ihn seit seinem 32. Lebensjahr zunehm-
mend befallen haben, bleiben aus. Caesar leidet, möglicherweise als Folge seines Alkoholismus, an einer Spätepilepsie.
Von einem Epilepsieanfall, wie er ihn nach dem Bericht
von Plutarch während der Schlacht von Thapsos erlitten
hat, bleibt er während der Schlacht von Pharsalos verschont.

Er hat sie gründlich vorbereitet und weiß auch um seine Schwachstelle. Er hat einkalkuliert, dass seine Reiter auf der bedrohten Flanke seines rechten Flügels der feindlichen Übermacht nicht lange werden standhalten können. Deshalb hat er hinter der bedrohten Flanke, vom Feind unbemerkt, etwa 2000 seiner besten Legionäre aufgestellt. Hinter ihren hohen, schützenden Schilden, die sich wie zu einem Schildkrötenpanzer zusammenfügen, fangen die Elitesoldaten die Kavallerieattacke auf. Die hohe Kampfkraft dieser bisher zurückgehaltenen Garde kommt nun voll zur Geltung. Wie von einer undurchdringlichen Mauer prallen Pompeius' schon siegesgewisse Reiter an dieser gepanzerten Linie ab; der plötzliche, unerwartete Widerstand bringt sie zum Stehen. Pferde und Reiter werden reihenweise abgestochen. Und nicht nur das, die Legionäre gehen im richtigen Moment aus ihrer Deckung heraus zum Gegenangriff über und drängen die Kavallerie zurück. Die Reiter machen kehrt und fliehen. Als Pompeius diese fatale Situation erkennt und verblüfft feststellen muss, dass Caesars Elitesoldaten nun ihrerseits zur Umfassung von Pompeius' linkem Flügel ansetzen, ist er strategisch bereits ausmanövriert. Denn anders als Caesar für seinen rechten hat Pompeius für seinen linken Flügel keine Deckung vorgesehen. Er ist ohne Schutz. Just an dieser Stelle setzt Caesar nun seine Reserven ein. Mit ihnen verstärkt er im richtigen Augenblick den Angriff seiner Garde und fügt Pompeius' Truppen schwere Verluste zu. Sie weichen über den Bach in ihr Lager zurück.

Die Schlacht ist gewonnen, aber noch ist die feindliche Armee nicht vernichtet. Jetzt geschieht etwas, womit Caesar nicht gerechnet hat. Angesichts der Niederlage verlässt

Pompeius seine fliehenden Soldaten, galoppiert dem Meere zu und geht dort an Bord eines Schiffes. Seine führerlose, entmutigte Armee versucht hinter den Lagerwällen Schutz zu finden. Wiederum erkennt Caesar sofort die Chance, die sich da bietet. Entschlossen und hartnäckig setzt er unverzüglich nach und steckt alles, was er noch hat, in diesen Angriff auf das feindliche Lager. In einem blutigen Gemetzel werden 15.000 feindliche Soldaten getötet oder verwundet, die restlichen 20.000 ergeben sich am nächsten Morgen. Die Schlacht von Pharsalos bringt Caesar nicht nur einen überraschenden, glorreichen Sieg, sie ist zugleich eine Vernichtungsschlacht, wie es sie in späteren Jahrhunderten und Jahrtausenden in diesem Ausmaß und in dieser unerbittlichen Konsequenz kaum wieder gegeben hat. Dem Sieger fällt nun alles zu. Von den elf feindlichen Adlern werden Caesar neun überbracht. Die gefangenen einfachen Soldaten behandelt er mit Milde und nimmt einige sogar in seine Reihen auf. Die meisten Offiziere werden jedoch ebenso wie die verhassten Senatoren hingerichtet.

Pompeius flieht zunächst auf die Insel Lesbos, um dort seinen Sohn Sextus und seine Ehefrau Cornelia Metella abzuholen. Mit ihr verbindet ihn seine fünfte Ehe, nachdem seine vierte Ehefrau Julia, die Tochter Caesars, im Kindbett gestorben war. Für Caesar spielen diese früheren familiären Bindungen zu Pompeius keine Rolle mehr. Er möchte ihn unbedingt in seine Gewalt bringen, um seinen Widersacher für immer auszuschalten und damit auch die Senatspartei entscheidend zu schwächen. Deshalb folgt er mit einer kleinen Streitmacht seinen Spuren. Sie führen nach Ägypten, denn dorthin ist Pompeius per Schiff unterwegs. Im ägyptischen Königreich stehen noch viele seiner alten Soldaten unter Waffen, ein ansehnliches römisches Truppenkontingent, mit dem Pompeius nun den Krieg gegen Caesar reorganisieren will.

In Alexandria sitzen der 10-jährige Ptolemaios XIII. und seine 16-jährige Schwester Kleopatra gemeinsam auf dem Thron. An sie richtet Pompeius das Gesuch, ihm eine Landung in Ägypten zu gestatten. Der ägyptische Hof möchte sich den Sieger von Pharsalos nicht zum Feinde machen. Würde man andererseits Pompeius abweisen, würde auch in ihm ein mächtiger Feind erwachsen. Deshalb folgt das Herrscherpaar dem Rat ihres Hofmeisters Theodotos, die Gelegenheit wahrzunehmen, Pompeius aus der Welt zu schaffen. Am 28. September des Jahres 48 v. Chr. fahren königliche Truppen mit einem Kahn an Pompeius' Schiff heran und laden ihn ein, auf ihre Barke umzusteigen, damit man ihn an den Hof bringen könne. Beim Aussteigen am Strand wird Pompeius von dem gedungenen Kriegstribun Lucius Septimius, einem alten Mitstreiter früherer Kriegsjahre, unter den Augen seiner Ehefrau und seines Sohnes hinterrücks niedergestochen. Als Caesar einige Zeit später in Alexandria eintrifft, trägt man ihm auf seinem Schiff den abgeschlagenen Kopf des Pompeius entgegen. Erschüttert wendet sich Caesar ab. Der grausame Tod seines Schwiegervaters und langjährigen früheren Partners in der Herrschaft über Rom, der noch vor Kurzem bekannt hatte: »Was sollen mir mein Leben und meine Stellung im Staat, wenn ich sie der Gnade Caesars verdanken muss!«, treibt ihm die Tränen in die Augen.

Zwischen dem Schritt über den Rubikon am 19. Januar 49 v. Chr. und dem Beginn des Bürgerkriegs bis zur Entscheidungsschlacht von Pharsalos und Pompeius' Tod liegen rund 20 Monate. Caesar ist nun endlich am Ziel. Die maßlose Übersteigerung seiner Persönlichkeit findet Ausdruck in großen Vollmachten und schwindelerregenden Ehrungen, die ihm jetzt in Rom zuteilwerden. Für viele seiner Zeitgenossen sind sie ein Ärgernis. Caesar erhält das Recht, ständig das Triumphgewand und den goldenen Kranz der etruskischen Könige zu tragen, und er darf auf einem goldenen Sessel Platz nehmen. Sein Geburtstag wird zum öffentlichen Feiertag erklärt und sein Geburtsmonat in Julius umbenannt, unser heutiger Juli. In öffentlichen Prozessionen soll seine Statue gleich nach denen der Götter mitgeführt werden, sie soll in allen Tempeln stehen, im Quirinustempel sogar mit der Inschrift »Dem unbesiegten Gott!«.

Doch Caesar hat nur noch kurze Zeit zu leben. Am 15. März 44 v. Chr., etwa um 10.00 Uhr vormittags, wird er auf den Marmorstufen des Pompeius-Theaters mit 23 Messerstichen von Marcus Brutus und weiteren Mittätern umgebracht. Als Caesar im Alter von 56 Jahren qualvoll stirbt, umklammert er im Grunde noch immer das Schwert des Bürgerkrieges, das er mit dem Überschreiten des Rubikon in die Hand genommen hatte. Die römische Republik hätte ohne ihn sicherlich noch eine längere Lebensdauer gehabt. Und ohne Caesar hätte die Welt noch eine ganze Weile auf das römische Kaisertum warten müssen.

MARKSTEIN EINER ZEITENWENDE

Lechfeld, 10.–12. August 955

Wie schon bei Alexander treffen wir auch in diesem Kapitel auf einen »Großen«, der in den kriegerischen Auseinandersetzungen zu Beginn seiner Karriere in die Rolle des David schlüpft und nach dem wider alle Erwartungen erfolgreichen Ausgang einer Schlacht von weltgeschichtlicher Tragweite – einer der blutigsten und verlustreichsten des Mittelalters – schon zu Lebzeiten von seinen Untertanen »der Große« genannt wird. Die Rede ist von dem König und späteren Kaiser Otto I. (912–973). Wir können besser verstehen, wie und warum es zu diesem entscheidenden Waffengang im August des Jahres 955 kommen konnte, wenn wir uns zunächst den Mann etwas näher anschauen, dessen Name untrennbar damit verbunden ist, und wenn wir die großen Schwierigkeiten betrachten, mit denen er zeitlebens konfrontiert war.

Leider gibt es keine authentische Abbildung von ihm, sondern nur Bilder und Skulpturen, die in späteren Zeiten entstanden sind. Vielleicht hat er wirklich so ausgesehen wie auf dem vom Ende des 13. Jahrhunderts stammenden großen Reiterstandbild zu Magdeburg, das ja seine Stadt war und in dessen Dom er auch begraben ist. Wir wissen nicht, wo Otto geboren wurde und wer seine Erzieher waren, aber wir kennen sein genaues Geburtsdatum. Das verdanken wir einer Frau von für damalige Verhältnisse ganz ungewöhnlichem Format, der dichtenden Nonne Roswitha von Gandersheim († um 975). Sie hat uns den 23. November 912 als Geburtsdatum Ottos I. überliefert. Er entstammt der zweiten Ehe seines Vaters, des Sachsenherzogs Heinrich (876–936), mit Mathilde, die ihre Familie auf den gegen Karl den Großen kämpfenden Sachsenführer Widukind zurückführte.

Otto ist schon sieben Jahre alt, als sein Vater im Mai 919 in Fritzlar zum neuen König Heinrich I. gewählt wird. Otto kann nicht von vornherein mit der Nachfolge auf dem Königsthron rechnen. Heinrichs ältester Sohn aus erster Ehe, Thankmar, erhebt ebenso Ansprüche darauf wie der jüngste Sohn Heinrich, der als einziger Sohn »purpurgeboren« ist, das heißt, er kommt erst zur Welt, als sein Vater bereits König ist. Deshalb ist Heinrich Ottos Meinung nach der erste Anwärter auf den Thron. König Heinrich I. bestimmt jedoch Otto zu seinem Erben und Nachfolger, was dazu führt, dass sich Ottos Bruder und Halbbruder von Anfang an gegen ihn wenden. Später werden sich nicht nur Ottos eigener Sohn, sondern auch sein Schwiegersohn und zeitweilig sogar seine eigene Mutter gegen ihn stellen. Doch alle, die gegen ihn rebellieren und ihn bekämpfen, kehren wieder zu ihm zurück und werden wieder von ihm angenommen.

Eine formale Ausbildung erhält Otto, wie zu seiner Zeit üblich, nicht. Er ist auch nicht sehr lernbegierig. Mit Schreiben und Lesen und mit Latein fängt er erst relativ spät an und hat damit stets gewisse Schwierigkeiten. Das stört seinen Vater und die Zeitgenossen allerdings wenig, denn nach deren Meinung kommt es bei einem zukünftigen Führer auf andere Qualitäten an. Otto nimmt an allen Unternehmungen seines Vaters teil. Er lernt, wie man Menschen aussucht und einsetzt, politische Entwicklungen beobachtet und beeinflusst und wie Feldzüge geplant und organisiert werden. Als er 17 Jahre alt ist, wird er im Jahr 929 mit Edgitha (910–946), einer Schwester des angelsächsischen Königs Aethelstan (um 894–939) vermählt. Als Heiratsgut überträgt Heinrich seiner Schwiegertochter die Stadt Magdeburg. Das führt dazu, dass der Aufbau und Ausbau dieser Stadt, vor allem auch des Doms, fortan in Ottos besonderem Interesse liegen. Die Ehe mit Edgitha verläuft glücklich. In Magdeburg wird 930 der Sohn Liudolf geboren und 931 die Tochter Luitgard.

Nach dem Tode seines Vaters, der am 2. Juli 936 im Alter von 61 Jahren einem plötzlichen Schlaganfall erliegt und in Quedlinburg feierlich bestattet wird, ruft Otto alle Stammesherzöge und den Adel zu einem allgemeinen Wahl- und Krönungstag nach Aachen, dem Begräbnisort Karls des Großen. Damit macht er deutlich, dass er an das Erbe dieses großen Karolingers anknüpfen will. Am 7. August 936 wird Otto I. nach der Wahl durch Adel und Volk in einem geschickt arrangierten Zeremoniell, das in einem Bericht des Widukind von Corvey (um 925–nach 973) in seiner »Geschichte der Sachsen« genau beschrieben ist, von den drei Erzbischöfen des Reiches aus Köln, Mainz und Trier zum König gekrönt und in fränkischer Tracht mit »heiligem Öl« gesalbt. Beim anschließenden Königsmahl an der Marmortafel bringt der neue Herrscher die hierarchische Ordnung unmissverständlich zum Ausdruck. Der Tradition gemäß müssen die Herzöge symbolische Hofdienste leisten und beim Essen aufwarten.

Der junge König hat von Anfang an eine hohe, christlich geprägte Auffassung von seinem Amt. Er besitzt ein hoch entwickeltes Gefühl für Macht und Würde, aber er ist kein reiner Machtmensch, der nur dem politischen Kalkül folgt.

Der untersetzte, breitschultrige Mann, zu dessen enormem Körperbau die kurzen, schnellen Schritte gar nicht passen wollen, kann zwar auch fröhlich und heiter sein, doch im Grunde ist er ein eher ernster und nachdenklicher Mensch. Der adlige Mönch Widukind von Corvey, der Otto mehrere Male persönlich gesehen hat, schreibt, er sei stets freundlich und im Schenken freigebig, vor allem aber demütig und fromm. Otto liebe die Jagd und das Brettspiel und sein »gewaltiger Körperbau« zeige »königliche Würde«. In dem rötlichen Gesicht »funkeln zwei Augen von eigenem Glanz«, und ein rötlicher Bart »wallt reichlich nieder«. Die Brustbehaarung gleicht der »einer Löwenmähne«. Liutprand von Cremona (920–972), ein anderer ottonischer Geschichtsschreiber, der viele Jahre zum unmittelbaren Gefolge des Herrschers gehörte, berichtet, der König setze stets einen Hut auf. »Außerdem ist er ein Freund der Wahrheit und führt nie Arges im Schilde«, und er ist »immer von wahrer Demut und niemals geizig«. Seine Sparsamkeit ist ebenso bekannt wie – zum Leidwesen seiner vielen Gegner – seine Unbestechlichkeit. Trotz seiner häufigen, gefürchteten Zornesausbrüche besitzt Otto I. ein freundliches, gewinnendes und immer zum Verzeihen bereites Wesen. Er kann so spontan und temperamentvoll sein, dass er einmal einen überraschend eintreffenden Kirchenfürsten mit nur einem Schuh am Fuß willkommen heißt. Stets ist er auf der Suche nach Harmonie. Seine Langmut und Vertrauensseligkeit sind erstaunlich, aber es gibt eine Grenze. Wird er über sie hinaus getrieben, reagiert er hart und konsequent.

In den ersten Jahren seiner Regierungszeit machen Otto I. die inneren Feinde in seinem Reich viel mehr zu schaffen als seine Gegner im Osten, Norden und Süden. Die von seinem Vater ins Reich gepressten Slawen üben unter Boleslaw von Böhmen an der Ostgrenze den Aufstand, werden aber ebenso geschlagen wie aufständische Stämme in Mecklenburg. Als die Ungarn 937 in Sachsen und Thüringen eindringen und, geschickt einer offenen Feldschlacht ausweichend, raubend und mordend durch die Lande ziehen, bleibt Otto den Beweis seines »Königsheils«, des mittelalterlichen Glaubens an die Unbesiegbarkeit des von Gott gegebenen Königs, noch schuldig.

Die Uneinigkeit der Stämme im Reich und das machthungrige Streben seiner Familie bringen den jungen König an den Rand der Verzweiflung. Seine eigenen Brüder Thankmar und der 18-jährige, purpurgeborene Heinrich verbünden sich 938 mit dem Frankenherzog Eberhard und zetteln, von maßlosem Drang nach Herrschaft getrieben, einen Aufstand gegen Otto I. an, dem sich ein Jahr später auch Herzog Giselbert von Lothringen sowie durch Geschenke gewonnene sächsische Adlige anschließen. Die Baiern halten sich abwartend heraus, die Schwaben halten zu ihm, aber über die Hälfte des Reiches steht gegen den König. Seine Lage ist ziemlich aussichtslos und seine Ratgeber legen ihm nahe aufzugeben.

Doch Otto ist davon überzeugt, dass er mit Gottes Hilfe dazu berufen sei, das Erbe Karls des Großen zu übernehmen und die Einheit des Reiches, wenn auch in kleineren Grenzen, wiederherzustellen. Als sein kleiner Heertrupp bei Xanten den übermächtigen Feinden gegenübersteht, ergreift er in großer Not die Heilige Lanze und bittet Gott in einem Gebet um Beistand und Hilfe. Und tatsächlich geschieht nun etwas, was als »Wunder von Xanten« in die Geschichte eingegangen ist: Im Glauben, sie seien umgangen worden, fliehen die Lothringer vom Schlachtfeld. Und auch 939 steht Otto unglaubliches Glück zur Seite, als Eberhard und Giselbert bei Andernach mit einem Riesenheer zur Entscheidungsschlacht aufmarschieren. Die beiden Herzöge werden überrumpelt, während sie gerade beim Brettspiel sitzen. Eberhard wird von Pfeilen durchbohrt und Giselbert ertrinkt auf der Flucht im Rhein, als sein Kahn kentert. Dieses »Gottesurteil« weist Otto vor aller Welt als den »Erwählten« aus. Heinrich ergibt sich und wird von Otto in Gnaden aufgenommen. Aber der verblendete Bruder besticht erneut einige sächsische Adlige und hofft, über die sächsische Herzogswürde zum Königsthron zu kommen. Während der Feierlichkeiten des Osterfestes im April 941 soll Otto I. ermordet werden. Wieder steht ihm das Glück zur Seite: Die Verschwörung wird verraten. Der König lässt die Rädelsführer sofort enthaupten und Heinrich in Haft nehmen. Er verzeiht ihm ein weiteres Mal und macht ihn 947 sogar zum Herzog von Baiern. Von nun an vergilt Heinrich die Güte seines Bruders bis zu seinem Tode mit beständiger Treue.

Die Ereignisse, die im Schicksalsjahr 951 eintreten – vier Jahre vor der großen Schlacht am Lech – überschatten die deutsche Geschichte über 300 Jahre und prägen die Entwicklung des Reiches entscheidend mit. Otto I. erhält aus Oberitalien einen Hilferuf der ihm völlig unbekannten 20-jährigen Königin Adelheid, der Witwe des rechtmäßigen langobardischen Königs Lothar. Nach dessen plötzlichem Tod hatte sein Rivale Berengar, der Lothar vermutlich vergiftete, die Macht an sich gerissen und sich 950 in Pavia die Langobardenkrone aufgesetzt. Als Adelheid über die Alpen nach Deutschland zu fliehen versucht, nimmt Berengar sie gefangen und sperrt sie auf dem unzugänglichen Schloss Garda ein, wo sie entehrende Demütigungen wie das Scheren ihrer Haare über sich ergehen lassen muss. Durch eine List gelingt es ihr, freizukommen und König Otto um Hilfe zu bitten. Der zeigt sich ritterlich und entschließt sich einzugreifen – die umstrittenste Entscheidung seines Lebens mit weitreichenden Konsequenzen. Im September 951 zieht er mit einem großen Heer über den Brenner. Berengar entkommt zunächst in die Berge, unterwirft sich dann aber später und schwört Otto den Treueid. Die schöne, gebildete und kultivierte junge Adelheid, eine Tochter Rudolfs II. von Burgund, beeindruckt den doppelt so alten Otto dermaßen, dass er sie unmittelbar nach der ersten Begegnung in Pavia heiratet. Gleichzeitig wird Otto zum langobardischen König gekrönt und kommt hier mit einer ganz neuen Welt in Berührung. Sicherlich hat er nicht voraussehen können, welche Problematik er sich mit dieser Krone, um die nun jahrhundertelang blutig gekämpft werden wird, ins Reich holte.

Sein 21-jähriger Sohn Liudolf, schon im Jahr 946 nach dem Tod von Ottos erster Gemahlin Edgitha zu seinem Nachfolger ausersehen, ist mit der neuen Ehe seines Vaters überhaupt nicht einverstanden, denn er wollte selbst König der Langobarden werden. Außerdem sieht er, als Königin Adelheid Ende 952 einen Sohn – den späteren Kaiser Otto II. – zur Welt bringt, seine Stellung als alleiniger Thronfolger ernstlich bedroht. Deshalb revoltiert er nun offen gegen seinen Vater und gewinnt den mit Ottos Tochter Luitgard verheirateten Herzog Konrad den Roten von Lothringen sowie den Erzbischof Friedrich von

Mainz als Verbündete. Als auch die Baiern von Otto abfallen und die Verbündeten sogar Kontakt mit den Erzfeinden des Reiches, den Ungarn, aufnehmen und ihre
Unterstützung suchen, erscheint Ottos Lage wieder einmal ausweglos. Verlassen vom größten Teil des Adels und
der Bischöfe zieht er sich nach Sachsen zurück. Anfang
954 fallen die Ungarn unter ihren mächtigen Stammesführern Bulcsú und Lehel tatsächlich ins Reich ein und
verwüsten das Land.

Ursprünglich sind die Ungarn, die sich selbst den Namen »magyar« gaben, innerasiatische Reiternomaden. In
den großen Völkerbewegungen des 9. Jahrhunderts werden
sie nach Westen in die Nähe der unteren Donau abgedrängt. Nach verlustreichen Kriegen mit ihren östlichen
Nachbarn, den Petschenegen, ziehen sie sich über die Karpaten in die von Donau und Theiß durchflossene, steppenartige und für Ackerbau und Viehzucht geeignete Tiefebene zurück. Etwa 500.000 Ungarn lassen sich dort nieder,
behalten aber ihre reiternomadische Lebensweise ebenso
bei wie ihre Gewohnheit, auf Kriegsraub auszuziehen. Ein
jahrhundertelanger harter Existenzkampf hat sie zu stets
kampfbereiten, äußerst gewandten und disziplinierten
Kämpfern gemacht, für die der Krieg ein Mittel zum Erwerb des Lebensunterhaltes ist. Auf ihren schnellen und zähen Pferden können sie Tausende von Kilometern zurücklegen und auch im Winter Flüsse und Gebirge überqueren.
Ihre Hauptwaffen sind Pfeil und Bogen mit einer Reichweite von bis zu 250 Metern sowie Säbel und Axt für den
Nahkampf. In meist aus dem Hinterhalt geführten überfallartigen Angriffen kreisen sie ihre Gegner mit listenreicher Taktik rasch ein. Die offene Feldschlacht meiden sie

ebenso wie befestigte Städte. Pure Beutegier treibt sie dazu, ihre Streifzüge auch nach Westeuropa auszudehnen. Wo immer sie dort auftauchen, verüben sie Gewalttaten und Mord, stecken Klöster, Kirchen und ganze Siedlungen in Brand, verschleppen Männer, Frauen und Kinder und verbreiten überall lähmendes Entsetzen.

Im Juni 954 findet in Langenzenn in der Nähe von Nürnberg ein Hoftag statt, zu dem alle Großen des Reiches erscheinen, auch die Verschwörer. In einer ebenso dramatischen wie geschickten Rede, die uns Widukind von Corvey überliefert hat, zeigt sich König Otto I. tief betroffen vom offenbar bevorstehenden Zusammenbruch seines Lebenswerkes: »Ich wollte es ertragen, wenn der Grimm meines Sohnes und der übrigen Verschwörer nur mich allein peinigte und nicht das ganze Volk der Christenheit in Verwirrung brächte … Seht, ohne Söhne sitze ich hier, kinderlos, da ich an meinem eigenen Sohne meinen schlimmsten Feind habe … Doch auch dies wäre noch zu ertragen, wenn nicht die Feinde Gottes und der Menschen *(gemeint sind die Ungarn)* in diese Händel hineingezogen würden. Eben jetzt haben sie mein Reich verödet, das Volk gefangen oder getötet, die Städte zerstört, die Kirchen verbrannt, die Priester erschlagen, noch triefen vom Blute die Straßen … Welch ein Frevel, welche Treulosigkeit noch möglich sei, vermag ich nicht auszudenken.«

Wirklich ein kluger Schachzug! Mit diesen gewandten Worten verlagert Otto das Problem auf die religiöse Ebene. Hier können alle seine Gegner mit ihm wieder einer Meinung sein. Dieser Appell verfehlt seine Wirkung nicht. Herzog Konrad der Rote von Lothringen und Erzbischof Friedrich von Mainz unterwerfen sich dem König. Bei diesem plötzlichen Umschwung hat sicherlich auch eine Rolle gespielt, dass die Zahl der Anhänger der Verschwörer sich rapide verringerte, nachdem ihr Paktieren mit »dem wilden Volk der Ungarn« bekannt geworden war. Wenig später findet auch der Königssohn Liudolf wieder zum Vater zurück. Als Otto bei Saufeld (im heutigen Thüringen) zur Jagd weilt, erscheint Liudolf mit bloßen Füßen und im Büßergewand, fällt auf die Knie und fleht seinen Vater an, ihm zu verzeihen. Der König tut es und lässt Milde walten. Konrad und Liudolf verlieren zwar ihre Herzogtümer, werden aber gegen das Gelöbnis ihres Gehorsams ohne weitere Strafe vom König in Gnaden aufgenommen.

Während des Aufenthalts Ottos I. Anfang Juli 955 in Sachsen besuchen ihn, wie Widukind von Corvey berichtet, einige ungarische Gesandte, »um sich nach dem Ausgang des Bürgerkrieges zu erkundigen«. In Wahrheit wollen sie nur die Lage peilen und die Stärke des Gegners ausspionieren. Denn ihr mächtiger Heerführer Bulcsú, der 948 in Byzanz den christlichen Glauben angenommen und dort die Kunst der Politik gelernt hatte, plant längst einen neuen Angriff auf das ottonische Herzogtum Baiern. Vermutlich haben diesem Feldzugsplan sogar größere politische Ziele als bloße Raubzüge und Plünderungen zugrunde gelegen. Der König bewirtet die ungarische Abordnung einige Tage in seinem Lager und ehrt sie sogar mit einigen kleinen Geschenken. Aus dieser Bemerkung Widukinds ist vereinzelt der Schluss gezogen worden, es habe sich um Tributzahlungen gehandelt, wie sie zuvor auch schon der Königssohn Liudolf geleistet hatte, um die Ungarn auf seine Seite zu ziehen. Aber das ist eher unwahrscheinlich, vor allem wegen der Tatsache, dass Liudolfs und Konrads Paktieren und Taktieren mit den Erzfeinden des Reiches letztlich dazu geführt hatte, dass die Verschwörung scheiterte und die Stämme wieder zusammenfanden. Derartige Händel mit den Ungarn wird Otto angesichts der »Volksmeinung« tunlichst vermieden haben. Dafür spricht auch, dass er schon wenige Tage, nachdem die ungarischen Gesandten ihn wieder verlassen hatten, durch Boten seines Bruders, Herzog Heinrichs von Baiern, die Nachricht von einem ungarischen Angriff erhielt. »Die Ungarn dringen in Gruppen verteilt in dein Gebiet ein«, lässt Heinrich seinen Bruder wissen, »und sind entschlossen, einen Kampf mit dir zu wagen.«

Daraufhin begibt sich Otto mit einer kleinen sächsischen Streitmacht in Eilmärschen sofort nach Süden und trifft westlich von Augsburg, vermutlich bei Ulm, auf ein dort versammeltes, ideell geeinigtes Heer aus Franken, Schwaben, Baiern und Böhmen. Und auch Konrad der Rote erscheint mit einer Reitertruppe. Innerhalb von nur vier Wochen hat sich ein Reichsaufgebot von rund 10.000 Panzerreitern zusammengefunden, das erste »gesamtdeutsche« der Geschichte. Nachdem die Ungarn plündernd und brandschatzend Schwaben und Baiern bis zu den Alpen durchstreift haben, gehen sie Anfang August 955, von ihren Anführern mit der Peitsche angetrieben, mit einem großen Heer über den Lech und stehen am 8. August vor Augsburg, um die nur von niedrigen, turmlosen Mauern umgebene Stadt zu belagern. Nach dem erhalten gebliebenen Bericht des Augsburger Dompropstes Gerhard erscheinen die Ungarn »in so gewaltiger Zahl, wie sie von keinem der damals lebenden Menschen je zuvor an irgend einem Ort gesehen« worden ist. Und der zeitgenössische Geschichtsschreiber und Abt Adalbert von Weißenburg notiert, die Ungarn würden von sich selbst sagen, »sie könnten von niemandem besiegt werden, es sei denn, sie würden von der Erde verschlungen oder der Himmel stürze ein«. Ob ihr Heer vor Augsburg allerdings tatsächlich 128.000 Mann stark war (gegen insgesamt nur 26.000 »Ottonen«), wie in der »Deutschen Kaiserchronik« zu lesen ist, mag angesichts der bekannten mittelalterlichen Neigung zu kräftigen Übertreibungen durchaus bezweifelt werden. Doch selbst wenn wir Abstriche machen und nur von einer zahlenmäßigen Überlegenheit des ungarischen Heeres von 4:1 ausgehen, entspricht dieses ungleiche Kräfteverhältnis immer noch dem eines gewaltigen Goliath gegen einen kleinen David.

Verteidigt wird Augsburg von ein paar Hundert hervorragenden Bewaffneten unter der Führung des Bischofs Ulrich, der hoch zu Ross – nach der Legende angeblich ohne Schild, Panzer und Helm, nur angetan mit der Stola – geschickt, umsichtig und vor allem unversehrt den tapferen Abwehrkampf leitet. Er dauert zwei volle Tage. Zeit genug für Otto, mit dem aus acht gepanzerten Reiterlegionen bestehenden Reichsheer heranzukommen. Vielleicht wären die Ungarn, die am 9. August gerade mit verschiedenen Belagerungsgeräten den letzten Sturmangriff auf Augsburg vorbereiten, von den ottonischen Truppen überrascht und nach einem unbemerkten Lechübergang im Rücken erfasst worden. Aber zu einem solchen Manöver kommt es nicht, weil ein Verräter, der Sohn eines Pfalzgrafen, den Ungarn mitteilt, das Heer Ottos sei im Anmarsch und stehe bereits am Lech. Bulcsú lässt sofort sein dem ganzen Heer bekanntes Feldsignal blasen. Er bricht den Angriff auf Augsburg ab und hält Kriegsrat. Im Bewusstsein ihrer großen zahlenmäßigen Überlegenheit und im Vertrauen auf die überlegene Reichweite ihrer »Wunderwaffe«, dem Reflexbogen aus druckfestem Horn und hochelastischen Tiersehnen, beschließen die Ungarn, ihre bisherige Taktik aufzugeben und sich auf einem für ihre Steppenpferde günstigen Gelände, den ausgedehnten Heidewiesenflächen des Lechfeldes, dem Feind in einer offenen Feldschlacht zu stellen. Bulcsú will zunächst das Heer Ottos besiegen, danach Augsburg erobern, um schließlich, wie im Bericht des Augsburger Dompropstes Gerhard zu lesen ist, »das ganze Land um so leichter in Besitz zu nehmen«.

Die Wahl des Schlachtfeldes ist für die Ungarn in der Tat vorteilhaft. Der Schwaben und Oberbayern durchquerende, schnell fließende Lech führte schon immer viel Geröll mit sich. Auch heute noch ist der hohe Geröllanteil typisch für diesen Fluss. Sein Name ist vermutlich auf das keltische »lik« zurückzuführen, was sich mit »der Steinreiche« übersetzen lässt. Aus den Flussablagerungen der letzten Eiszeit ist südlich von Augsburg zwischen Lech und Wertach eine etwa sieben Kilometer breite, beiderseits des Flusses gelegene Schotterebene entstanden, das Lechfeld. Auf dieser weiten Grasfläche können sich Beweglichkeit und Schnelligkeit der ungarischen Reiter voll entfalten. Jahrhundertelang war die gängige Geschichtsschreibung der Meinung, dass der Kampf mit den Ungarn am 10. August 955 westlich von Augsburg ausschließlich auf diesem flachen Feld stattfand und dass er nur einen einzigen Tag dauerte. Heute wissen wir, dass das nicht stimmt. Die Schlacht war, wie wir gleich sehen werden, nicht auf das Lechfeld begrenzt, zog sich über drei Tage hin und endete am 12. August am Ostufer des Lechs. Der Name »Schlacht auf dem Lechfeld« ist allerdings geblieben.

Graf Dietbald, der Bruder des Augsburger Bischofs Ulrich, verlässt nach dem Abzug der Ungarn nachts mit seinen kampferprobten Reitern die Stadt und zieht Otto entgegen. Dadurch wird dessen Heer zwar etwas verstärkt, doch als der König am Laurentiustag, am Morgen des 10. August, einem glühend heißen Tag, wie Widukind von Corvey uns wissen lässt, »das riesige Heer der Ungarn erblickte, dünkte ihn, es könne von Menschen nicht bezwungen werden, es sei denn, dass Gott sich erbarme und sie töte«. Alle Panzerreiter empfangen die Kommunion und geloben, ihrem König die Treue zu halten und tapfer für ihn zu kämpfen. Unter Tränen legt Otto öffentlich das Gelübde ab, er wolle für den Fall, dass ihm Christus auf die Fürbitte des heiligen Laurentius an diesem Tage Sieg und Leben schenke, in seiner Pfalz Merseburg ein Bistum errichten. Dann rücken die acht Legionen mit aufgerichteten Feldzeichen in einer Schlachtordnung aus dem Lager, die Widukind genau beschrieben hat. An der Spitze marschieren die Baiern mit den ersten drei Legionen, allerdings ohne ihren Herzog Heinrich, Ottos Bruder, der mit einer schweren Krankheit daniederliegt, an der er kurz nach der Schlacht stirbt. Auch Ottos Sohn Liudolf ist nicht dabei. Obwohl er sich ebenfalls unterworfen hat, hält er sich abseits. Den Baiern folgen die Franken mit der vierten Abteilung unter der Führung Konrads des Roten. Die fünfte Kolonne mit auserlesenen Soldaten ist die stärkste, in ihr reitet der König selbst, vor ihm das siegverheißende Banner des Erzengels Michael. Die Schwaben bilden unter ihrem Herzog Burchard die sechste und siebte

Einheit, und am Ende marschieren als achte Legion etwa 1000 böhmische Soldaten mit dem ganzen Tross und allem Gepäck und Nahrungsvorrat, weil man glaubt, der hinterste Platz sei der sicherste.

Dem ist aber nicht so. Die Böhmen werden zu ihrer großen Überraschung plötzlich mit gellendem Kampfgeschrei von hinten überfallen und mit einem Geschosshagel ungarischer Pfeile eingedeckt. Infolge mangelnder Aufklärung ist Otto I. entgangen, dass die Ungarn mit einem starken Teil ihrer Truppen den Lech von Osten nach Westen überschritten und das Reichsheer umgangen haben. Viele Böhmen werden getötet oder gefangen genommen und der gesamte Tross geht einschließlich allen Gepäcks und aller Vorräte verloren. Aber damit nicht genug. Die Ungarn rollen den Heerzug von hinten auf und greifen auch die siebte und sechste Legion der Schwaben an. Auch sie werden geschlagen, zersprengt oder aufgerieben. Schon nach kurzer Zeit ist die Kampfkraft des königlichen Heeres um mehr als ein Drittel reduziert. Eine böse Schlappe. Panik bricht aus. Ein schneller ungarischer Sieg zeichnet sich ab.

In dem Durcheinander behält jedoch ein Mann die Nerven, der noch vor wenigen Wochen zu den erbittertsten Feinden des Königs zählte: Herzog Konrad der Rote. Mutig und entschlossen wirft er sich mit seinen Reitern den Ungarn entgegen. Sie schwärmen aus, um den Feind selbst zu umzingeln, und schaffen es, den Tross zurückzuerobern und die Gefangenen zu befreien. Die Ungarn werden zurückgedrängt, und König Otto I. gelingt es, den Rest seines bedrängten Heeres in Gefechtsformation zu bringen und dem Gros des ungarischen Heeres entgegenzustellen. Eine schlachtentscheidende Tat. Er wisse, dass der Feind zahlenmäßig überlegen sei, ruft er seinen Soldaten in einer kurzen Ansprache zu, nicht aber an Rüstung und Tapferkeit und auch nicht in der Hoffnung auf Gott und seinen Schutz. »Lieber im Kampf, wenn unser Ende bevorsteht, ruhmvoll sterben, als, den Feinden untertan, in Knechtschaft leben!« Dann nimmt er, mit seiner großen Statur und dem bis zur Brust wallenden rötlichen Bart in seiner königlichen Montur weithin sichtbar, den Schild und die Heilige Lanze und wendet als Erster sein Pferd zum Angriff.

Die schwer gerüsteten Panzerreiter donnern heran, direkt auf die kaum übersehbaren Massen der leichten ungarischen Reiterei zu, und versetzen ihr, beflügelt vom Beispiel des »roten« Konrad, einen wuchtigen frontalen Stoß. Sie metzeln alles nieder, was sich ihnen in den Weg stellt, und schlagen eine tiefe Schneise in die feindlichen Reihen. Dieser mutige Verzweiflungsangriff an einer Stelle, wo der Gegner ihn am wenigsten erwartet, weil er sich dort am stärksten wähnt, ähnelt ein wenig der schon geschilderten tollkühnen Reiterattacke Alexanders des Großen am Granikos auf das auf dem hohen Steilufer postierte Gros der Perser. Er erzielt die gleiche Wirkung. Die zahlenmäßig vier- bis fünffach überlegenen, sich schon als Sieger wähnenden Ungarn sind zunächst verblüfft, dann erschrocken und schließlich demoralisiert. Sie wenden sich zur Flucht. »Sie gerieten zwischen die Reihen der Unsrigen und wurden niedergemacht!« So steht es lapidar und wie selbstverständlich bei Widukind. Das ist nun schon in höchstem Maße erstaunlich, um nicht zu sagen rätselhaft. Wie konnte sich das Kriegsglück so schnell wenden? Wie ist diese plötzliche Flucht der Ungarn zu erklären?

Für die mittelalterlichen Chronisten und frommen Kleriker ist die Antwort einfach: Ein Gotteswunder hat geholfen. König Otto I., der Auserwählte, hat das Ohr Gottes erreicht. Aber es gibt auch eine rationale Erklärung für die jähe Wende. Die neuere Geschichtsforschung, und unter ihren Publizisten vor allem Barthel Eberl und Ernst W. Wies, hat darauf hingewiesen, dass der Grund für den unverhofften Sieg in einer – nach der Verteidigung Augsburgs und dem Kampf vom 10. August – dritten Schlacht zu sehen ist, die sich bis zum 12. August hinzog. Als Beweis dafür wird Bezug genommen auf die aus demselben Jahr stammenden St. Gallener Annalen, die ebenfalls über Ottos Sieg vom 10. August auf dem Lechfeld berichten und in denen es heißt, es sei noch ein weiterer Kampf mit den Ungarn ausgefochten worden, und zwar durch die Böhmen. Erst diese Schlacht, bei der der ungarische Feldherr Lehel (auch Lele genannt) gefangen genommen worden sei, habe zur vollständigen Vernichtung des ungarischen Heeres geführt.

Wahrscheinlich hat sich das Ganze wie folgt abgespielt: Während der Kampf des dezimierten Reichsheeres auf der westlichen Seite des Lechs noch in vollem Gange ist, erhalten die Ungarn durch einen Meldereiter die Nachricht, dass ihr Lager, das sie auf dem östlichen Lechfeld aufgeschlagen haben, von böhmischen Truppen unter Führung des Herzogs Boleslaw bedroht wird. Im Lager haben die Ungarn alle ihre Schätze deponiert, das geraubte Gold und Silber, die erpressten Tribute, Nahrungsvorräte sowie Frauen und Kinder. Es darf auf keinen Fall verloren gehen. Deshalb gibt Bulcsú sofort den Rückzugsbefehl. Die Ungarn brechen die Schlacht ab, die für sie schon so gut wie gewonnen ist, und fluten nördlich an der Stadt Augsburg vorbei über den Lech zurück nach Osten, und zwar nicht in wilder Flucht, sondern in guter Disziplin auf einem geordneten Rückzug, um ihr Lager zu retten. Eine Bestätigung findet dies auch in der schon erwähnten Schilderung des Dompropstes Gerhard von Augsburg, der berichtet, die Ungarn seien in geordneten Formationen und in so großer Zahl zurückgeritten, dass die Verteidiger auf den Stadtmauern glaubten, Augsburg werde erneut angegriffen.

Ob man allerdings so weit gehen kann, in dem nun folgenden blutigen Gemetzel, in dem die Ungarn von zwei Seiten in die Zange genommen werden, den von vornherein groß angelegten königlichen Kriegsplan einer Zweifrontenschlacht zu sehen, mag dahinstehen. Vielleicht hat Otto I. diese Strategie tatsächlich vorher mit dem Herzog Boleslaw von Böhmen so abgesprochen, zweifelsfrei belegen lässt sich das aber nicht. In der Widukind-Schilderung des anfänglichen ungarischen Umgehungsmanövers und des Angriffs auf den königlichen Tross findet sich allerdings der Satz: »Aber es kam anders als man glaubte.« Hat Widukind von Corvey damit zum Ausdruck bringen wollen, der überraschende Angriff im Rücken des königlichen Heeres und der frühe Verlust von drei ganzen Legionen habe den ganzen ottonischen Kriegsplan einer weiträumigen Umfassung gefährdet? Sehr wahrscheinlich ist es also letztlich den Böhmen zu verdanken, dass die drohende Niederlage noch in einen überraschenden Sieg verwandelt werden konnte und das Reich Ottos des Großen gerettet wurde. Die deutsche Geschichtsschreibung hat den böhmischen Beitrag zur Lechfeldschlacht nahezu verdrängt. Denn sie war bestrebt, den Sieg auf dem Lechfeld als alleinige Großtat Ottos anzusehen, die unter der Führung der bestimmenden Hand Gottes seinen Kaiseranspruch und das neue Reich der Deutschen begründete.

Der Lech habe sich vom Blut der Ungarn rot gefärbt, ist in den mittelalterlichen Berichten zu lesen. Als die Ungarn auf der westlichen Seite des Flusses das Schlachtfeld verlassen, den Lech zum letzten Mal Richtung Baiern überqueren und vom Reichsheer und den Böhmen von beiden Seiten umfasst werden, gibt Otto den Befehl, alle Boote und Furten des Flusses zu bewachen und jeden Ungarn, der hinüber will, unbarmherzig zu töten und bis zur Isar hin zu verfolgen. Viele Ungarn ertrinken bei dem Versuch, die starke Strömung des Lechs zu durchschwimmen. Einige ungarische Einheiten fliehen in die umliegenden Dörfer und werden dort, wie Widukind wiedergibt, mitsamt den Gebäuden, in denen sie Schutz gesucht haben, verbrannt. Das feindliche Lager wird eingenommen, und alle Gefangenen werden befreit. Nur wenige Ungarn entkommen in die Heimat. Die drei ungarischen Anführer Bulcsú, Lehel und Sûr werden gefangen genommen, unter scharfer Bewachung nach Regensburg gebracht und dort auf Befehl des todkrank daniederliegenden Herzogs Heinrich umgehend und ohne eine Gerichtsverhandlung durch den Strang hingerichtet.

Der Sieg ist vollkommen, aber auch teuer erkauft. Ein großer Teil des Adels ist gefallen, darunter Graf Dietbald, der Bruder Bischof Ulrichs von Augsburg, und vor allem auch Herzog Konrad der Rote, dessen beherztes und kühnes Eingreifen eine frühzeitige Niederlage verhindert hat. In der Hitze des Tages löst er während einer kurzen Kampfpause die Bänder seines Helms, um ein wenig Luft zu schöpfen. In diesem Moment durchbohrt ein tödlicher ungarischer Pfeil seine Kehle. Konrad stirbt noch auf dem Schlachtfeld. Seine Leiche wird später ehrenvoll aufgebahrt und nach Worms überführt. König Otto I. hat in dieser Zeit aber nicht nur den Tod seines Schwiegersohnes zu betrauern. Nach dem Tod seiner Tochter Luitgard im Jahr 953 und seines Bruders Heinrich im Jahr 955 stirbt 957 auch sein Sohn Liudolf von Schwaben.

In den letzten 200 Jahren habe sich keiner der Könige vor Otto I. eines solchen Sieges erfreut, schreibt Widukind von Corvey im dritten Buch seiner »Sachsengeschichte« und beendet die Schilderung der Schlacht mit dem Satz: »Durch den herrlichen Sieg gefeiert, wurde der König ruhmvoll vom Heer als Vater des Abendlandes und Kaiser begrüßt.« Die Krönung Ottos zum römischen Kaiser und seiner Gemahlin Adelheid zur Kaiserin erfolgt zwar erst am 2. Februar 962 durch Papst Johannes XII. im Petersdom in Rom, doch das Volk nennt Otto schon jetzt »den Großen«. Die Schlacht auf dem Lechfeld bedeutet einen Wendepunkt in seinem Leben. An seiner Herrschaftsberechtigung besteht fortan kein Zweifel mehr. Und die seit 60 Jahren andauernden ungarischen Raubzüge und Plünderungen sind ein für allemal beendet. Die Ungarn werden sesshaft und nehmen das Christentum an.

Die ältere Geschichtsforschung hat die Schlacht auf dem Lechfeld nationalistisch verklärt. Wenngleich gemeinschaftsbildende Elemente und ein aufkeimendes »Wir-Bewusstsein« nicht zu verkennen sind, wäre es verfehlt, nach dieser Schlacht von der Existenz eines deutschen Volkes zu sprechen. Andererseits kann man in dem Ergebnis des Lebenskampfes Ottos des Großen durchaus den Anfang des Deutschen Reiches sehen. Durch den Sieg auf dem Lechfeld hat Otto den Stämmen das Selbstbewusstsein gegeben, gemeinsam siegen zu können. Aus dem ottonischen Imperium entsteht das »Heilige Römische Reich«, das erst nach der Jahrtausendwende so bezeichnet wird und erst viel später den Zusatz »Deutscher Nation« erhält und bis 1806 besteht. Auch insoweit ist die Lechfeldschlacht von 955 der Markstein einer Zeitenwende.

Der Untergang der Panzerreiter

Crécy, 26. August 1346

Kriege sind schrecklich. Und meistens werden sie immer schrecklicher, je länger sie dauern. Wir können uns kaum vorstellen, dass ein Krieg über 100 Jahre andauern kann und sich zwei Völker über einen derart langen Zeitraum bekriegen. Und doch hat es das in der Menschheitsgeschichte schon gegeben. In der Zeit von 1339 bis 1453 stehen sich England und Frankreich in einem blutigen, unerbittlichen Ringen gegenüber, das als Hundertjähriger Krieg in die Annalen eingegangen ist. Er beginnt aus einem aus unserer Sicht vergleichsweise nichtigen Anlass: Thronstreitigkeiten.

Am 13. Januar 1327 wird der korrupte und durch Günstlingswirtschaft und Homosexualität in Verruf geratene König Edward II. von England auf Betreiben seiner Ehefrau Isabella von Frankreich und ihres Geliebten, des mächtigen Feudalherrn Roger Mortimer aus der walisischen Grenzmark, abgesetzt und kurz darauf umgebracht. Sein erst 14-jähriger Sohn wird als Edward III. (1312–1377) neuer König von England. Er entstammt dem französischen Geschlecht der Kapetinger, das seit der Thronbesteigung von Hugo Capet im Jahr 987 alle französischen Könige gestellt hat. Als 1328 die französische Krone auf eine kapetingische Nebenlinie, das Geschlecht der Valois, übergeht und Philipp VI. (1293–1350) neuer König wird, erhebt Edwards Mutter Isabella sofort Einspruch und beansprucht den französischen Thron für ihren Sohn. Juristisch ist das vertretbar, doch Philipp lacht nur darüber. Edward hat tatsächlich ein

Problem. Wie soll er seinen Anspruch durchsetzen? Er hat nur ein kleines Heer, das dem französischen nicht nur zahlenmäßig hoffnungslos unterlegen ist. Frankreich verfügt zudem über ein schwer gepanzertes Ritterheer. Über 8000 Ritter, die Blüte des französischen Adels, stehen mit ihren ebenfalls gepanzerten Pferden bereit, ihr Land und ihren König gegen einen englischen Angriff zu verteidigen.

Seit der Aufstellung einer gepanzerten Reitertruppe durch den fränkischen Hausmeier Karl Martell, mit deren Hilfe er 732 in der Schlacht von Tours und Poitiers den Angriff der Araber erfolgreich abwehren konnte, verbreiten die Panzerreiter im frühen Mittelalter aufgrund ihres grandiosen Erscheinungsbildes und ihrer enormen Durchschlagskraft beim Angriff in enger Schlachtordnung bei den Feinden Angst und Schrecken. Ihre stählerne Schuppenhaut scheint undurchdringlich, keine Schwertklinge kann sie durchschlagen. Nach den Kreuzzügen ist aus dem kurzen Kettenhemd ein langes geworden, mit einem Helm, der fast das ganze Gesicht bedeckt und mit einem Visier versehen ist. Auch Hose, Strümpfe, Stiefel und Fäustlinge bestehen aus stählernen Kettengliedern. Über die Brustrüstung schnürt der Ritter ein schweres, mit Metallplättchen verstärktes Lederwams. Einschließlich Lanze, Streitaxt und Streitkolben sowie Schild, Dolch und beidhändig geführtem Schwert kommt das Ganze auf ein Gewicht von fast einem Zentner, so dass die »Eisenleute« wahrlich körperliche Höchstleistungen vollbringen müssen. Der Sattel mit den Steigbügeln erlaubt den Reitern, darin freihändig, aber doch fest zu sitzen, so dass sie selbst in vollem Galopp Schild und Schwert oder geradeaus gerichtete Lanze sicher führen können. An einen derartigen, beinahe drei Meter hohen Koloss kann ein Fußsoldat kaum herankommen, ein Nahkampf ist so gut wie unmöglich. Beweglichkeit und Wendigkeit sind allerdings eingeschränkt, beides Garanten fürs Überleben, in der Natur ebenso wie im Krieg. Gelingt es, den Ritter vom Pferd zu stoßen, hat dieser erhebliche Schwierigkeiten, wieder aufzustehen. Dann wird er, unbeweglich und langsam wie eine kriechende Schildkröte, eine leichte Beute für die Fußsoldaten. Da er die Kosten für die Ausrüstung und die mehrjährige, harte Ausbildung selber tragen muss, ist der »Job« des Panzerreiters, wie wir heute sagen würden, nur etwas für Millionäre. Auf heutige Verhältnisse umgerechnet kostet so ein Kämpferleben nahezu eine halbe Million Euro. Für das 8000 Mann starke Ritterheer des französischen Königs bedeutet das eine Rüstungsinvestition von mehreren Milliarden Euro, eine gigantische Summe für damalige Verhältnisse. Kein anderes Land kann sich so etwas leisten.

Und England schon gar nicht. Im Vergleich zum wohlhabenden Frankreich, das etwa fünfmal so viele Einwohner hat, ist es klein und schwach. Der junge Edward besitzt genug Klugheit und Verstand, das bei seinen Überlegungen zu berücksichtigen. Zunächst huldigt er 1329 dem französischen König. Da Heinrich II., einer von Edwards Vorfahren, einst Eleonore von Aquitanien geheiratet hat, ist Edward auch Herzog von Aquitanien und damit zugleich ein Vasall Philipps VI., eine schwierige und im Grunde unmögliche Konstellation. Sie liefert, als Edward einige Jahre später die Vasallenpflicht verweigert, den eigentlichen Kriegsanlass. Eine Eroberung des französischen Königreichs kommt für Edward angesichts des ungleichen Kräfteverhältnisses von vornherein nicht in Frage. Seine Chancen auf einen Sieg sinken auf den Nullpunkt, als er erfahrt, dass zu den 8000 schier unüberwindlichen Panzerreitern auch noch 4000 französische Fußsoldaten kommen, hauptsächlich Armbrustschützen, die als Elitesoldaten aus Genua angeworben worden sind. Diese mörderische und nahezu lautlose Waffe ist wegen ihrer Treffgenauigkeit äußerst gefürchtet. Ihre über einen halben Meter langen, spitzen Eisenbolzen durchschlagen auch noch aus einer Entfernung von 60 Metern den stärksten Panzer. Die Ritter sehen in der Armbrust eine böse, hinterhältige und unehrenhafte Waffe des Teufels, eine Waffe für den anonymen Tod, denn das Opfer weiß nicht, von wem es aus der Distanz getötet wird. Im zweiten Laterankonzil von 1139 wird ihr Gebrauch deshalb auch verboten, es sei denn, sie wird gegen die ungläubigen Moslems und Ketzer eingesetzt. Wer das Verbot verletzt, hat die Exkommunikation zu erwarten. Philipp VI. ist dieses Verbot jedoch ziemlich egal. Unbeeindruckt davon verstärkt er sein Heer durch die gefürchteten genuesischen Söldner.

Da angesichts dieser eindeutigen Überlegenheit des französischen Heeres für Edward III. eine kriegerische Auseinandersetzung aussichtslos erscheint, nimmt er zunächst von einer gewaltsamen Durchsetzung seiner Thronansprüche Abstand und beschränkt sich darauf, sich im eigenen Land eine starke Position zu verschaffen. Nach seiner Heirat mit Philippa von Hennegau im Jahr 1328 – einer glücklichen Verbindung, aus der zwölf Kinder hervorgehen – inszeniert er 1330 eine Palastrevolte, die mit der Hinrichtung des bisher vom Adel unterstützten Roger Mortimer endet. Edwards Mutter Isabella wird unter Hausarrest gestellt und der 18-jährige König übernimmt die Macht in England.

Durch geschicktes Taktieren gelingt es ihm, den Adel auf seine Seite zu bringen. Er verkündet die Ideale des Rittertums, lässt die Legenden um König Artus und seine Tafelrunde wieder aufleben und stiftet den Hosenbandorden, ein kluger Schachzug, mit dem er den Adel noch enger an sich bindet. Der impulsive, launische und temperamentvolle König versteht es, durch seinen jungenhaften Charme die Menschen für sich einzunehmen. Mit seiner Lieblingsbeschäftigung, den Kriegsspielen, und seinem ausgeprägten Sinn für Glanz und Pracht, für voluminöse Festgelage, große Jagden und prunkvolle Turniere, zumeist Scheinschlachten zwischen Ritterheeren in eigens entworfenen Monturen, wird er zum leuchtenden Vorbild des Rittertums. Edward III. ist der letzte englische König, dessen Muttersprache noch Französisch ist. Unter seiner Regentschaft wird Englisch statt des bisher verwandten Französisch offizielle Amtssprache. Der stattliche, breitschultrige Mann mit der großen Nase und dem glänzenden, langen Haar – bekannt für seine stets modische, farbenfrohe Kleidung, sein extravagantes Auftreten und sein ehrgeiziges Streben nach Ruhm und Anerkennung – erfreut sich im Lande alsbald einer Beliebtheit, wie sie bisher noch keinem englischen König zuteilgeworden ist. Er wird 50 Jahre lang regieren, so lange wie kaum ein anderer englischer Monarch. Und auch als er nach dem Tode seiner Ehefrau Philippa vorzeitig senil wird und sich von einer unbedeutenden Mätresse gängeln lässt, tut das seiner Beliebtheit keinen Abbruch. Einer seiner Zeitgenossen, der Historiker und wichtigste Chronist des Hundertjährigen Krieges, Jean Froissart (um 1337–1405), bezeugt in seinen in französischer Sprache geschriebenen, über drei Millionen Wörter enthaltenden »Chronicles«, es habe »niemanden seinesgleichen seit den Tagen von König Artus« gegeben.

Edward III. schafft es auch, mehr und mehr ein Gefühl nationaler Einheit zu erzeugen und angesichts der Möglichkeit einer französischen Invasion das englische Parlament dazu zu bewegen, ihm beträchtliche Mittel für den Ausbau des Heeres zu bewilligen. Panzerreiter kann er sich kaum leisten, er setzt mehr auf die leichte, bewegliche Reiterei und vor allem auf die weitaus billigeren walisischen Langbogenschützen, die die Technik des Langbogenbaus vermutlich von den Wikingern übernommen haben, als diese in Wales einfielen. Seit dem ersten erfolgreichen Einsatz des Langbogens in der Schlacht bei Hastings (1066) hat er sich zur englischen Nationalwaffe entwickelt. Bogenschießen wird in England zum beliebten und geförderten Volkssport. Mit dem fast zwei Meter langen Bogen aus Eibenholz können die mit einer Eisenspitze versehenen, 80 Zentimeter langen Pfeile fast 300 Meter weit und mit tödlicher Präzision abgeschossen werden. Auch aus dieser Distanz durchschlagen sie noch glatt einen leichten Panzer. Die Sehne des Bogens ist so dick wie ein Elektrokabel, und es bedarf einiger Muskelkraft, sie zu spannen, und sorgfältiger Ausbildung und ständigen Trainings, um die Waffe effektiv einzusetzen. Ein geübter Schütze kann bis zu zwölf Pfeile pro Minute verschießen, deutlich mehr als ein Armbrustschütze, der mit seiner schwer zu handhabenden Waffe nur zwei Bolzen schafft. Ein derart dichter Pfeilhagel ist demoralisierend für den Feind.

Aufgrund verwandtschaftlicher Beziehungen und wirtschaftlicher Zuwendungen gelingt es Edward III., einige Bündnispartner zu gewinnen, vor allem Kaiser Ludwig IV.

den Bayern, dessen Gast er 1338 während eines Hoftages in Koblenz ist. Aber auch der Herzog der Bretagne, der Pfalzgraf bei Rhein sowie die Fürsten von Limburg und Brabant zählen dazu. Am 26. Januar 1340 fühlt Edward sich stark genug, sich offiziell zum König von Frankreich zu erklären. Damit drängt er Philipp VI. in die Rolle des Usurpators, der zu Unrecht auf dem französischen Thron sitzt. In dem beginnenden Feldzug verlegt sich Edward zunächst darauf, in Flandern und der Bretagne erfolgreiche Reiterzüge durchzuführen. In den sogenannten »chevauées« ziehen seine Soldaten plündernd und brandschatzend kreuz und quer durch die französischen Provinzen und fügen dem Land schweren Schaden zu.

Im Juli 1346 entschließt sich Edward III., die Entscheidung zu suchen. Bei Portsmouth zieht er fast 1000 Schiffe zusammen, die größte Invasionsflotte, die England bis dahin gesehen hat. Schlechtes Wetter verzögert das Auslaufen. Am 11. Juli setzt zusammen mit dem König ein etwa 10.000 Mann starkes Heer über den Kanal, unter der Führung des aus Frankreich verbannten normannischen Adligen Geoffrey de Harcourt und des ältesten Königssohnes Edward of Woodstock, des 16-jährigen »Schwarzen Prinzen«. Am 12. Juli landet es bei La Hogue auf der Halbinsel Cotentin. Man braucht sechs volle Tage, um 3000 Ritter, 5000 Bogenschützen, 1500 Pikenträger und weitere Hilfskräfte auszuschiffen. Dann ziehen drei Heerhaufen brandschatzend und mordend durchs Land und erreichen das nicht von einer Mauer geschützte Caen. Seine Bürger bestehen darauf, auf freiem Feld zu kämpfen, ergreifen jedoch die Flucht, als die Engländer sich nähern. Caen wird rücksichtslos geplündert. Als einige Bürger mit Steinen nach

den Plünderern werfen, zeigt Edward seine Brutalität. Er
befiehlt, alle Einwohner zu töten, und kann erst im letzten
Moment durch den energischen Protest von Geoffrey de
Harcourt umgestimmt werden. Doch einer systematischen
Schändung aller Frauen Caens gebietet er keinen Einhalt.

Das englische Heer zieht die Seine hinauf und sucht, da
die Brücke von Rouen zerstört ist, nach einem anderen
Übergang. Es rückt bis Poissy vor, nur 30 Kilometer von
Paris entfernt, greift die befestigte Hauptstadt mit ihren
damals rund 50.000 Einwohnern aber nicht an. Dafür ist
es viel zu schwach. Als Edward gemeldet wird, dass Philipp VI. sich ihm mit einem weit stärkeren Heer nähert,
weicht er nach Norden aus und überschreitet im August
1346 die Somme. Das englische Heer ist bereits durch zahlreiche Deserteure geschwächt, die mit goldgefüllten Sattel-
taschen auf dem Weg zurück in die Heimat sind. Und als
Späher am anderen Ufer der Somme die Flagge des Königs
Johann von Böhmen ausmachen, der zwar selbst blind ist,
sich aber mit seinem starken Aufgebot an Panzerreitern als
gefürchteter Verbündeter Frankreichs zu erkennen gibt,
sinkt die Stimmung im englischen Heer rapide. Gefangene
Spione berichten, Philipp habe in Amiens, nur wenige Kilometer flussabwärts, an die 50.000 Fußsoldaten und 12.000
schwer gerüstete Ritter zusammengezogen. Das sind zwar
übertriebene Zahlenangaben, aber die Übermacht ist immer noch gewaltig und wird durch täglich neu hinzusto-
ßende Soldaten immer größer. Im Grunde können die
Engländer eigentlich nur noch Reißaus nehmen. Doch am
frühen Morgen des 24. August geht Edward mit seiner kleinen Streitmacht in einer seichten Furt über die Somme und
marschiert auf der Suche nach einem günstigen Schlacht-

feld am folgenden Morgen zu einem Wald nahe dem Dorf Crécy-en-Ponthieu in der Picardie, ein paar Kilometer nordöstlich von Abbéville und nicht weit von der Kanalküste entfernt. Es sieht so aus, als sei Edward in der Spitze eines Dreiecks gefangen. Links ist das Meer, rechts die Mündung der Somme und dazwischen im Süden das französische Heer.

Aber er ist bereit, sich mutig dem Kampf zu stellen, weshalb er auf der Suche nach einem für die Taktik und Eigenart seiner Truppen möglichst günstigen Gelände ist. Er findet es in einem breiten, sich von Südwesten nach Nordosten hinziehenden Höhenrücken zwischen den Dörfern Crécy und Wadicourt. Vor sich und zu beiden Seiten hat er bis hin zum Dorf Estrées ein leicht abfallendes, terrassenförmiges Terrain. Und von der rechten Flanke aus sieht er im Tal der Maye das Dorf Crécy liegen. Mitten auf der Anhöhe steht wie eine kleine Festung eine Windmühle. Hier schlägt Edward sein Hauptquartier auf. Wie der Chronist Jean Froissart berichtet, hält er eine aufmunternde Rede an seine Männer. »Ich gehe hier in Stellung«, sagt er mit lauter, durchdringender Stimme, »und marschiere nicht mehr weiter, bis ich den Feind zu Gesicht bekomme. Ich habe gute Gründe, auf ihn zu warten, denn ich befinde mich auf dem Land, das ich von meiner königlichen Mutter rechtmäßig geerbt habe und das sie als Mitgift erhalten hat. Ich bin bereit, meinen Anspruch gegen meinen Feind Philipp von Valois zu verteidigen!«

Edward gliedert seine Streitkräfte in drei Gruppen. Etwa 800 Ritter und 1000 Pikenträger postiert er unter dem Kommando des Schwarzen Prinzen rechts auf dem vorderen Abhang und ebenso viele links unter dem Kommando des Grafen von Northampton. König Edward selbst steht mit 700 Rittern etwas zurückgenommen in der Mitte. Dahinter sind zwei Rückzugsstellungen aufgebaut. Die erste besteht aus zu einem Kreis zusammengestellten Trosswagen. In diesem Kreis kümmert sich ein Teil der nicht kämpfenden Truppe um die Pferde und Gepäckwagen, hauptsächlich Köche und Fuhrknechte sowie Männer mit rein technischen Aufgaben, heute würden wir sagen Pioniere. Die zweite Rückzugsstellung ist der Wald. Hierhin können ihnen, falls die Schlacht verloren geht, die französischen Ritter auf ihren Pferden nur schwerlich folgen. Edward hat befohlen, dass jeder englische Ritter abgesessen kämpfen muss, also ohne sein Pferd. Das ist eine radikale Neuerung, der sich viele Ritter zu widersetzen versuchen. Denn natürlich kämpfen sie lieber hoch zu Ross, sie fühlen sich verwundbar, wenn sie nicht im Sattel sitzen. Doch der König bleibt unnachgiebig. Er hat eine gute Verteidigungsstellung aufgebaut, in der Fußsoldaten einfach besser zum Einsatz kommen können. Edward rechnet fest damit, dass die französischen Ritter, getreu ihrem Ehrenkodex, frontal angreifen werden. Deshalb hat er sich noch etwas Besonderes ausgedacht. Zu beiden Seiten des hinteren Zentrums platziert er 2000 Langbogenschützen und die restlichen 3000 auf beiden Flanken in einem nach vorne weisenden Winkel, so dass sich die Innenseiten in einer Spitze treffen. Außerdem hat er Gräben und Fallgruben ausheben sowie Pfahle in den Boden rammen lassen, um seine Bogenkämpfer besser zu schützen und attackierende Reiter auf ihren Pferden ins Straucheln zu bringen. Im hinteren Zentrum soll noch eine technische Neuheit ihre Feuertaufe bestehen. Zum ersten Mal werden drei Bombarden eingesetzt, die nach Explosion eines Pulvers runde Steine verschießen. Man hat sie durch die ganze Normandie geschleppt, und nun soll sich erweisen, ob die hohen in sie gesetzten Erwartungen auch erfüllt werden. Edward ist jedes Mittel recht, um sich der feindlichen Übermacht entgegenzustemmen, die zwischen 4:1 und 7:1 beträgt.

Früh am Morgen des 26. August 1346 öffnet der Himmel seine Schleusen. Ein kräftiges Sommergewitter geht hernieder, wahre Sturzbäche von Regen werden auf die ungeschützten Soldaten beider Seiten geschüttet. Die Engländer profitieren davon. Die Böschungen, die die Franzosen beim Angriff hinaufstürmen müssen, sind verschlammt und gefährlich rutschig geworden. Außerdem haben, wie wir gleich sehen werden, Philipps genuesische Armbrustschützen nun ein Handicap. Nach dem Unwetter reitet König Edward seine Front ab und macht seinen Männern Mut. Dann dürfen sie zu Mittag essen und zu dickem Erbsenbrei ihren Zwieback kauen. Aber vielen wird beim Anblick des heranrückenden gewaltigen französischen Heeres der Bissen im Halse stecken geblieben sein.

Auch die Franzosen marschieren am Nachmittag in drei Heerhaufen auf. Der erste wird durch den blinden König Johann von Böhmen und den Grafen Charles von Alençon, Philipps cholerischen Bruder, sowie den Grafen von Flandern befehligt, der zweite durch den Herzog Rudolf von Lothringen und den Grafen von Blois und der dritte von König Philipp selbst und dem römischen König Karl, dem Sohn Johanns. In der Mitte treten am unteren Ende der Böschung unter dem Kommando von Odone Doria und Carlo Grimaldi zunächst die Armbrustschützen in ihren weißen Mänteln und gesteppten Waffenröcken bis auf

Reichweite heran und beginnen, wie immer in vorderster Linie, zu schießen. Auf dem Kopf tragen sie eiserne Helme sowie eiserne Kettenglieder um die Knie. Diese Söldner werden allesamt Genueser genannt, obwohl sie aus verschiedenen Teilen Italiens kommen. Als sie die erste Salve abfeuern und Tausende von eisernen Bolzen durch die Luft schwirren, stoßen die Genueser ein schreckliches Gebrüll aus, mit dem sie dem Feind Furcht einflößen wollen. Ihre Geschosse sollen eine Bresche für die nachfolgenden Panzerreiter schlagen. Das soll, wie so oft schon, der Grundstein zum Sieg sein. Die Engländer ducken sich so tief wie möglich, merken dann aber erstaunt, dass niemand von ihnen getroffen ist. Die Bolzen fliegen viel zu kurz. Sie gehen kurz vor ihren Zielen nieder und bohren sich wirkungslos in die Böschungen des Abhangs. Auch die Genueser staunen, verwirrt laden sie nach. Sie müssen nicht nur bergauf schießen, sondern auch gegen die helle Nachmittagssonne, die ihnen direkt in die Augen scheint. Auch die zweite Salve liegt zu kurz. Durch die heftigen Regengüsse sind die Armbrustsehnen feucht geworden, ihre Spannung ist beeinträchtigt. Das wirkt sich nachteilig auf die Reichweite aus.

Noch immer kauern sich die englischen Langbogenschützen nieder, ihre Pfeile vor sich griffbereit mit den Spitzen in den Boden gesteckt. Nun erheben sie sich auf beiden Seiten und im Zentrum schnell von der Erde, spannen ihrerseits ihre Bögen, richten sie gen Himmel und feuern in schneller Folge ihre Pfeile ab. Gleichzeitig blitzt es im Zentrum der englischen Front auf, mit ohrenbetäubendem Grollen beginnen dort die drei Bombarden zu feuern. Sie irritieren zwar die Armbrustschützen beim erneuten Nachladen, richten aber nur wenig Schaden an. Der Schaden, der durch die wie ein Hagelschlag auf die Genueser niederprasselnden Pfeile verursacht wird, ist dagegen umso größer. Die gepolsterten Mäntel bieten keinen Schutz. Und ihre Pavesen, die hohen Schutzwände aus Holz, haben sie nicht dabei. Sie sind durch den Regen so schwer geworden, dass sie sie beim Tross zurückgelassen haben. Die tagelangen Märsche haben die Armbrustschützen so erschöpft, dass sie sich beim Vorrücken bergauf nicht zusätzlich mit der Last der Schilde beschweren wollten. Vielleicht haben sie im fast arroganten Vertrauen auf ihre Kampferfahrung und Treffsicherheit beim Schießen auch geglaubt, gegen den als schwach und unterlegen eingeschätzten Feind ohne Deckung auskommen und einen schnellen Sieg herbeiführen zu können. Diese Überheblichkeit rächt sich jetzt. Hunderte Armbrustschützen brechen schon bei der ersten Salve tödlich getroffen zusammen. »Sie fielen wie Schnee«, schreibt Froissart. Und die »Archers«, die Langbogenschützen, feuern unglaublich schnell. Zwischen dem Verschießen des ersten und zweiten Pfeils liegen nur etwa fünf bis sechs, maximal zehn Sekunden. Innerhalb einer Minute sausen 10.000 Pfeile auf die ungeschützten Genueser nieder und richten ein Massaker an. Mit einer derart konzentrierten und massiven Abwehr haben die Armbrustschützen nicht gerechnet. Entsetzt werfen die meisten ihre Waffe weg und wenden sich in panischem Schrecken zur Flucht. Doch sie rennen mitten hinein in ihr endgültiges Unglück.

Denn schon preschen die französischen Panzerreiter heran, ungestüm und undiszipliniert. Jeder will möglichst der Erste sein, das verlangt die Ehre. »Angreifen, angreifen!«, das ist ihre einzige Parole. Doch dabei sind ihnen nun ihre

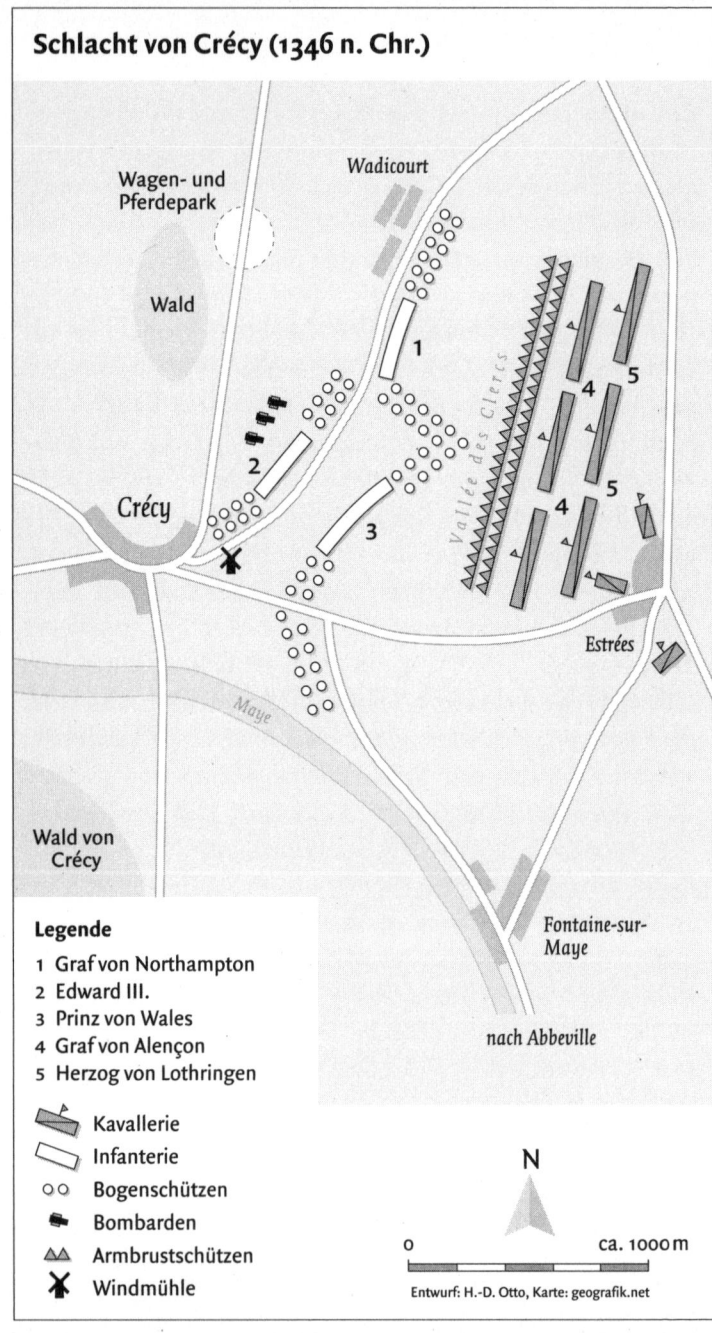

Schlacht von Crécy (1346 n. Chr.)

Wadicourt

Wagen- und
Pferdepark

Wald

Vallée des Clercs

1

Crécy

2

5

4

5

4

3

Estrées

Maye

Wald von
Crécy

Fontaine-sur-
Maye

nach Abbeville

Legende

1 Graf von Northampton
2 Edward III.
3 Prinz von Wales
4 Graf von Alençon
5 Herzog von Lothringen

Kavallerie
Infanterie
○○ Bogenschützen
Bombarden
△△ Armbrustschützen
✗ Windmühle

N

0   ca. 1000 m

Entwurf: H.-D. Otto, Karte: geografik.net

italienischen Söldnerkameraden im Weg. In dichten Pulks stürzen sie frontal mitten in die fliehenden, ihnen entgegenkommenden Armbrustschützen hinein und spießen sie einfach mit den Lanzen auf oder schlagen sie mit den Schwertern nieder, um freie Bahn zu bekommen. Ein unfassbarer Vorfall, wie man ihn nie zuvor und auch nie mehr danach in einer Schlacht gesehen hat. Die Ritter, allen voran die Adligen in ihren prächtigen Rüstungen, greifen in blindem Ehrgeiz und wilder Wut ihre eigenen Truppen an! Und mitten hinein in dieses Chaos schießen die »Archers« ihre tödlichen Pfeile, durchbohren Pferd und Reiter. Der Feind erleidet schwere Verluste. Die Böschung ist von Leichen übersät, ohne dass bislang auch nur ein Engländer einen Kratzer abbekommen hat.

Die erste Attacke der Panzerreiter bleibt im Pfeilhagel stecken, sie machen wieder kehrt. Auf diese Kampfpause haben die flinken und wendigen Messerkämpfer aus Wales und Cornwall schon gewartet. Sie wieseln über das schlammige Schlachtfeld, um verwundeten feindlichen Soldaten grausam und unbarmherzig die Kehle durchzuschneiden, ihre Leichen zu plündern und unbeschädigte Pfeile einzusammeln. In der gleichen Zeit bringen Laufburschen von den Trosswagen neue Pfeile nach vorne zu den Langbogenschützen. Dies geschieht keinen Augenblick zu spät, denn die zweite Abteilung der französischen Panzerreiter hat sich bereits zu einem neuen Angriff formiert, mit der flatternden Standarte des Grafen von Alençon in der Mitte und flankiert von Reitern aus Flandern und der Normandie. Trompeter schmettern ihre Fanfaren, Tausende Pferdehufe setzen sich in Bewegung. Der Hufdonner schwillt zu einem mächtigen Brausen an, als die schweren, keuchenden Rosse, angefeuert durch gellende Schreie ihrer Reiter, wie eine bedrohliche, düstere Gewitterfront näherkommen und die Anhöhe hinaufgaloppieren. In den englischen Reihen hebt der Prinz von Wales, des Königs Sohn, die Hand. Die »Archers« spannen ihre Bögen und ziehen ab. Sie zielen auf Lenden und Schultern der Pferde, die nur durch einen Kopfpanzer und ein Hals- und Nackenkettengeflecht geschützt sind. Wieder schwirren Tausende Pfeile durch die Luft. Die Pferde wiehern laut vor Schmerz, werfen ihre Reiter ab, brechen zusammen oder prallen mit anderen zusammen. Die nachfolgende Welle ist schon heran und stampft über die Gestürzten hinweg. Der Abstand zu den Bogenschützen wird immer kleiner. Sie nehmen nun hastig andere Pfeile mit dreikantigen Stahlspitzen zur Hand, die in flacher Schussbahn auch die Panzerungen der Ritter durchschlagen können. Je näher sie herankommen, desto enger wird der Korridor, in dem die Bogenschützen von beiden Seiten in schneller Folge auf sie feuern. Wer es tatsächlich schafft, bis an die englischen Linien heranzukommen, wird dort von den zu Fuß kämpfenden englischen Rittern mit Schwertern, Piken und Lanzen niedergemäht. Oder Ross und Reiter stürzen in die geschickt getarnten Fallgruben.

Aber die französischen Ritter sind tapfer, sie kämpfen verbissen und mit großem Mut. Und sie sind noch immer in der Überzahl. Sie konzentrieren ihren Stoß auf den rechten Flügel des englischen Heeres, wo die zurückgedrängten Fußsoldaten des Prinzen von Wales verzweifelt versuchen, die Linie zu halten. Edward of Woodstock fordert vom König sofortige Unterstützung an. Im Kampfgetümmel ist sein Wappenrock mit den Lilien auf blauem und dem Löwen auf rotem Grund weithin zu sehen. Todesmutige Kämpfer scharen sich um ihn, um ihn zu schützen. Edward entsendet einen Boten mit einem Befehl zu seinem Sohn, der mit den Worten endet: »Wenn es Gottes Wille ist, wünsche ich, dass der Tag ihm gehört.« Er führt ihm die Truppen seiner Reserve zu. Gleichzeitig schwenkt der linke Flügel unter Graf Northampton nach rechts, um die Franzosen in der Flanke zu packen. Die Schlacht hat ihre kritische Phase erreicht. König Philipp schickt seine dritte Abteilung los. Erneut stürmen die Ritter die blutgetränkte Böschung hinauf. Noch immer ist der Ausgang des Kampfes ungewiss. Er wogt hin und her, bis in die einbrechende Dunkelheit hinein. In immer neuen Wellen greifen die Panzerreiter an, unkoordiniert und ohne jede Disziplin. Und immer wieder werden sie abgewehrt. Am Abend ist ihre Lage hoffnungslos. Auf den Hängen von Crécy verblutet die Blüte des französischen Adels. Über 1500 Ritter finden den Tod, darunter der Herzog von Lothringen und die Grafen von Alençon, Flandern, Blois und Sancerre. Auch der blinde König Johann von Böhmen, dessen Pferd während des Kampfes an den Pferden seiner Ritter festgebunden war, lässt sein Leben auf dem Schlachtfeld. Welcher Irrsinn mag ihn dazu verleitet haben, überhaupt an diesem Gemetzel teilzunehmen? Auch König Philipp ist durch einen Pfeil im Genick verwundet. Demgegenüber sind die Verluste der Engländer erstaunlich gering. Sie sollen weniger als 100 Mann betragen haben.

Die fliehenden Franzosen werden von den Engländern verfolgt und ohne Gnade niedergemacht, egal, ob verwundet, gefangen oder nicht, egal, ob Graf, Baron, Ritter oder Knappe. König Edward ist darüber sehr zornig, denn er kann nun kein Lösegeld mehr für gefangene Ritter verlangen. Aber er kann einen glänzenden Sieg feiern. Eine ausgezeichnete, wohlüberlegte Taktik hat über eine zahlenmäßig drückend überlegene, zwar mutige, aber weitgehend plan- und kopflos agierende Masse triumphiert. Die Schlacht von Crécy endet für die Franzosen mit einer Katastrophe und dem Untergang des Rittertums. Das Kämpferkonzept »Ritter« hat ausgedient und muss neuen, modernen Waffen weichen. Den Krieg hat die Schlacht allerdings nicht entschieden. Er geht noch viele blutige Jahre weiter.

»Nun danket alle Gott!«

Leuthen, 5. Dezember 1757

Sie alle wollen ihm an den Kragen: Österreich, Polen, Russland, Frankreich, Schweden, Sachsen und das Reich. Der preußische König Friedrich II. (1712–1786), den man später »den Großen« nennen wird, ist 1757 von einer Welt von Feinden umgeben. Sie wollen sich Geraubtes zurückholen oder sich endlich einverleiben, was sie schon immer begehrt haben. Österreich will das reiche und blühende Schlesien zurück, und Russland möchte Ostpreußen einsacken. Preußen soll auf das Gebiet der Mark Brandenburg reduziert werden.

Im zweiten Jahr des sogenannten Siebenjährigen Krieges, den Friedrich ein Jahr zuvor begonnen hat, um seinen Gegnern – jeder einzelne davon stärker als er – zuvorzukommen, kämpft Preußen in einem Vierfrontenkrieg um die nackte Existenz. Von Norden her hat Schweden bereits ganz Vorpommern in Besitz genommen. Von Westen ziehen die Franzosen und die Reichsarmee durch Thüringen heran. Und im Osten steht die 80.000 Mann starke russische Armee der ebenso feindseligen wie unversöhnlichen Zarin Elisabeth I. bereit, das überhaupt nicht verteidigte Ostpreußen zu besetzen. Als nach der schweren Niederlage am 18. Juni 1757 in der Schlacht von Kolin gegen die Österreicher auch noch ganz Schlesien verloren geht, ist der Krieg für Preußen im Grunde aussichtslos geworden. Die starke Festung Schweidnitz kapituliert am 12. November schon beim ersten ernsthaften Angriff des Korps Nádasdy. Sämtliche Wintervorräte fallen in die Hände der Österreicher.

Für den Reichstag zu Regensburg wird ein Strafprozess wegen Landfriedensbruchs gegen den preußischen König vorbereitet. Voltaire schreibt schadenfroh in seinen Memoiren, der preußische König sei zum Rebellen erklärt worden. »Wäre er gefangen genommen worden, so wäre er aller Wahrscheinlichkeit nach dazu verurteilt worden, den Kopf zu verlieren.«

Aber Friedrich kapituliert nicht. Drei Jahre später, als der Siebenjährige Krieg noch immer nicht zu Ende ist, wird er in ähnlich verzweifelter Lage dem von ihm sehr geschätzten Marquis d'Argens anvertrauen: »Nie werde ich den Augenblick überleben, der mich nötigt, einen nachteiligen Frieden zu schließen. Kein Beweggrund, keine Beredsamkeit wird im Stande sein, mich dahin zu bringen, dass ich meine Schande unterschreibe. Entweder lasse ich mich unter den Trümmern meines Vaterlandes begraben, oder, wenn dem Geschicke, das mich verfolgt, auch dieser Trost als zu schön erscheinen sollte, so werde ich mein Unglück zu beenden wissen, wenn es nicht mehr möglich ist, es zu ertragen.«

Fest entschlossen, auch das Letzte zu wagen, zieht Friedrich sich nach Sachsen zurück, lässt einen Teil seiner Soldaten dort und macht mit nur 14.000 Mann schnellstens kehrt nach Osten, um sich Anfang Dezember mit den 18.000 Soldaten seiner geschlagenen Schlesienarmee zu vereinigen. In Eilmärschen vollbringen seine Grenadiere unglaubliche Marschleistungen. Sie legen in 16 Tagen über 300 Kilometer zurück und erreichen über Torgau, Bautzen, Görlitz und Naumburg bereits am 28. November 1757 Parchwitz. Die österreichische Armee unter Karl von Lothringen hat inzwischen ihre feste und starke Stellung bei

Breslau verlassen und dort voller Siegesgewissheit sogar et-
liche Geschütze zurückgelassen. Nun marschiert sie mit
65.000 Mann dem preußischen König und seiner »Pots-
damer Wachtparade«, wie die Österreicher die preußischen
Grenadiere abfällig nennen, entgegen, um ihnen den Zu-
gang zu den Winterquartieren zu verwehren und Preußen
in einer letzten Schlacht den Todesstoß zu versetzen.

Die Österreicher sind doppelt so stark. Doch infolge
mangelnder Aufklärung weiß Friedrich das nicht. Er
glaubt, sie hätten in den letzten Gefechten höhere Verluste
gehabt, und schätzt ihre Stärke auf lediglich 39.000 Mann,
also wenig mehr, als er selbst ins Feld fuhren kann. Seine
einzige Chance sieht er in einem sofortigen Flankenangriff.
Am 28. November 1757 macht er in Parchwitz sein Testa-
ment. Er habe seinen Generälen, schreibt er, »Befehl für
alles gegeben, was nach der Schlacht im Fall des glücklichen oder unglücklichen Ausgangs geschehen soll«. Da er
in den bisherigen Schlachten nicht davor zurückgeschreckt
ist, neben seinen Soldaten in vorderster Linie zu stehen,
denkt er auch an seinen Tod. Er wolle in Sanssouci beige-
setzt werden, verfügt er, »ohne Prunk, ohne Pomp und bei
Nacht. Man soll meinen Körper nicht öffnen«. Die Truppen sollen dann auf Prinz Heinrich, seinen Bruder, verei-
digt werden. Und Feldmarschall Keith schreibt er kurz vor
der Schlacht, seine Lage sei »in höchstem Grade schwierig«, er hoffe jedoch, »mit Gottes Hilfe alles wiedergutzumachen«. Für einen Atheisten wie Friedrich eine recht erstaunliche Bemerkung.

Rein rechnerisch scheint der Sieger schon festzustehen.
Denn 88 feindlichen Infanteriebataillonen stehen nur 47 ½
preußische gegenüber. Aber Friedrichs Soldaten können dank

intensiven Exerzierens mit ihrem Vorderladergewehr zwei bis vier Schuss in der Minute abgeben. Mit ihren eisernen Ladestöcken – die Österreicher benutzen hölzerne – laden sie viel schneller nach. Da man die Musketen und Büchsen weder kniend noch liegend laden kann, müssen die Grenadiere im Stehen kämpfen und feuern. Sie haben noch eine besondere Eigenart eingeübt: Sie machen viel häufiger Gebrauch vom Bajonett und scheuen sich nicht, es nicht nur zur Abwehr der Kavallerie, sondern auch zum Töten der gegnerischen Soldaten einzusetzen. Bei der Kavallerie ist das Kräfteverhältnis ungefähr gleich. Beide Seiten benutzen den Pallasch, den schweren Säbel, mit dem vom Pferd aus auf andere Reiter und die Fußsoldaten eingeschlagen werden kann. Die preußischen Kavalleristen haben zusätzlich noch ein Gewehr und eine Pistole bei sich, um abgesessen in den Infanteriekampf eingreifen zu können. Bei der Reiterattacke dürfen sie damit nicht schießen. Das hat der König ausdrücklich verboten, weil Treffer reine Glückssache seien und nur unnötig Munition verschwendet werde. Und die ist kostbar und nur in begrenztem Umfang vorhanden. Friedrich hat zwar den Vorteil der inneren Linie, das heißt, er kann von einem Punkt seines Reiches schnell zu einem anderen gelangen, ohne fremdes Gebiet überqueren oder Umwege machen zu müssen. Aber die Schwierigkeiten, seine hin und her gehetzten Truppen ausreichend und rechtzeitig mit Nachschub zu versorgen, sind groß.

Bei der Artillerie verfügen die Österreicher ebenfalls über eine gefährliche Übermacht. Sie können 170 Bataillonsgeschütze einsetzen, die Preußen nur 94 leichte Feldkanonen. Aber diese können immerhin fünf- bis sechsmal in der Minute feuern, schneller als die österreichischen. Jedes

Geschütz erfordert vier Kanoniere und vier weitere Soldaten zum Ziehen. Bei der schweren Artillerie haben die
Preußen ein paar 12- und 24-Pfünder mehr. Der preußische
General Retzow macht den Vorschlag, die schwere und nur
von speziellen Zugpferden zu bewegende Artillerie mit den
angreifenden Truppen vorgehen zu lassen, eine neue, bisher
nicht praktizierte Idee. Friedrich hält sie zunächst angesichts der Schwerfälligkeit dieser 29 Zentner schweren
»Brummer« für nicht durchführbar, willigt dann aber trotz
des hohen Risikos eines schnellen Verlusts dieser Geschütze
und der Munitionswagen doch ein. Das werde zwar sehr
schwierig werden, meint er, aber immerhin würden diese
Geschütze auf 5400 Schritt schießen und mit Kartätschen,
die Eisensplitter verschießen, immerhin noch auf 1000 Schritt.
Mit deren verheerendem Streufeuer werde er den übermütigen Fuchs, der nun aus seinem Bau gekrochen sei, bestrafen. Diese wagemutige Entscheidung wird einen wesentlichen Einfluss auf den Verlauf der Schlacht haben.

Nach der letzten, schweren preußischen Niederlage bei
Kolin sind die Österreicher siegesgewiss. Der Mut der Preußen sei auf den Nullpunkt gesunken, sagt der Kavalleriege-
neral Lucchese im Kriegsrat. In der kommenden Schlacht
werde man den Feind noch einmal schlagen, und diesmal
entscheidend. Man werde bald in Berlin sein, die Bewohner
dort würden schon zittern. Friedrich versucht indessen,
seine niedergeschlagenen Offiziere wieder aufzurichten. Er
erinnert sie an frühere Taten und bemüht sich, wie er
schreibt, »durch Frohsinn den frischen Eindruck der trauri-
gen Bilder zu verwischen«. Er lässt Wein und Lebensmittel
austeilen, um auch dadurch das Vertrauen seiner Armee,
die fast nur noch aus Preußen besteht, wiederherzustellen

und die Hoffnung auf einen kommenden Sieg zu fordern. Die Ausländer sind bis auf wenige Ausnahmen desertiert. Doch was von der Armee noch übrig geblieben ist, ist von echter Liebe zum Vaterland und seinem König beseelt. Die preußischen Grenadiere sagen derb und direkt »Du« zu ihm, nennen ihn »Alter Fritz«, reißen Witze über seine miese, dreckige Uniform, fluchen über ihn und gehen doch für ihn durch die Hölle, für ihn, ihren großen König, der alle Strapazen mit ihnen teilt, der wie sie seine persönliche Existenz immer wieder aufs Spiel setzt und der, wie sie glauben, von Gott niemals ganz verlassen sein kann.

Am Abend des 3. Dezember 1757 versammelt Friedrich in Parchwitz seine Generäle, zu denen auch Hans Joachim von Zieten und Moritz Fürst zu Anhalt-Dessau gehören, sowie alle Offiziere bis hinunter zum Kompaniechef – überwiegend alles alte Haudegen – um sich und wendet sich in einer packenden Ansprache an sie. Diese nur mündlich überlieferte Rede – eine schriftliche Ausarbeitung gibt es nicht, der König hat frei gesprochen – ist ein Meisterstück der Menschenkenntnis, eine geschickte Mischung von Zuspruch und Drohung. Er habe unbegrenztes Vertrauen in ihren Mut, sagt er zu seinen Offizieren, in ihre Standhaftigkeit und ihre Vaterlandsliebe, die sie bei so vielen Gelegenheiten bewiesen hätten. Gegen alle Regeln der Kriegskunst werde er jetzt die beinahe dreimal so starke Armee des Prinzen Karl angreifen. Aufgrund inzwischen erfolgter intensiver Aufklärung kennt er nun die wahre Truppenstärke der Österreicher ziemlich genau. »Ich muss diesen Schritt wagen, oder alles ist verloren! Wir müssen den Feind schlagen oder uns alle vor seinen Batterien begraben lassen. So denke ich, so werde ich handeln! … Ist aber der eine oder andere unter Ihnen, der nicht so denkt, der fordere hier auf der Stelle seinen Abschied. Ich werde ihm selbigen ohne den geringsten Vorwurf geben … Gehen Sie nun ins Lager und wiederholen Sie ihren Regimentern, was Sie von mir gehört haben. Das Regiment Kavallerie, welches nicht gleich, wenn es befohlen wird, sich à corps perdu *(ohne Zögern)* in den Feind stürzt, lasse ich gleich nach der Bataille *(Schlacht)* absitzen und mache es zu einem Garnisonregiment *(Ersatztruppenteil)*. Das Bataillon Infanterie, das, es treffe worauf es wolle, nur zu stocken anfangt, verliert die Fahnen und die Säbel, und ich lasse ihm die Borten von der Montierung *(Uniform)* schneiden. Nun leben Sie wohl, meine Herren, in Kurzem haben wir den Feind geschlagen oder wir sehen uns nie wieder!«

Am nächsten Morgen, dem 4. Dezember, beginnt der Vormarsch auf die österreichische Armee. Das Gelände mit seinen sanften Landrücken und wellenartigen Erhebungen, die nach Norden zur Oder hin allmählich abfallen, ist für Truppenbewegungen wenig geeignet, denn es ist mit vielen unkanalisierten Wasserläufen, Gräben und Teichen sowie ausgedehnten Sümpfen und Mooren durchsetzt. Die meisten Wege und Pfade sind schlammig, schlecht ausgebaut und zudem noch schmal, so dass oft, in mehreren Kolonnen nebeneinander, querfeldein marschiert werden muss. Aber schon am 3. Dezember fängt es an leicht zu schneien, und in der frostigen Nacht zum 5. Dezember frieren die flachen Fischteiche und die niederen Moore zu. Aus den klebrigen, weichen Ackerflächen wird fester, harter Untergrund, so dass die Grenadiere und auch die von Pferden gezogenen Geschütze und Munitionswagen ebenso gut vorankommen wie die Bagage mit den Brotwagen, der Feldapotheke und den Packpferden. Der Wettergott scheint auf Seiten der Preußen zu sein. Und noch ein Umstand kommt den Preußen zugute: Aufgrund der umfangreichen Manöver, die er hier in den vergangenen Jahren unter seiner Beobachtung und Kontrolle durchführen ließ, ist Friedrich und einigen seiner Offiziere dieses Gelände bestens vertraut.

Als die aus einigen leichten Kavallerieregimentern bestehende preußische Avantgarde im Laufe des 4. Dezember das kleine Städtchen Neumarkt erreicht, die Stadttore sprengt und 800 kroatische Soldaten gefangen nimmt, trauen die Dragoner ihren Augen nicht. Die gesamte zentrale Feldbäckerei des Feindes mit 80.000 Portionen Brot liegt ungeschützt vor ihnen und fällt der Eskadron des Rittmeisters Stechow unversehrt in die Hände. Damit ist die Versorgung der gesamten preußischen Armee gesichert. Dieser Coup zeigt, wie wenig die Österreicher mit einem preußischen Angriff gerechnet haben. Sie hielten es nicht für nötig, ihre zentrale Feldbäckerei auf Breslau zurückzuziehen, was das Vertrauen der nun Not leidenden Soldaten in ihre Armee nachhaltig erschüttert. Prinz Karl war davon überzeugt, der preußische König werde es nicht wagen, mit seiner kräftemäßig stark unterlegenen Armee gegen ihn vorzugehen. Infolge mangelnder Aufklärung hat er von dem plötzlichen Vorstoß gar nichts mitbekommen. Als er davon erfährt, wird er vorsichtiger und befiehlt seinen Soldaten, in den Nachtlagern mit dem Gewehr in der Hand zu wachen. Am linken Ufer der Weistritz, die das Gelände im Osten begrenzt, bezieht er eine Defensivstellung und breitet seine ausgeruhten und kampferprobten Truppen in einer Frontlinie von über neun Kilometern aus. Die meisten sind Österreicher, dazu einige Sachsen sowie Soldaten der

Reichsarmee, insbesondere Württemberger. Zu ihnen zählt im Rang eines Fähnrichs auch der Chirurg Johann Kaspar Schiller, der Vater von Friedrich Schiller. Die Marktflecken Nippern und Frobelwitz sind stark befestigt, vor allem das langgestreckte Straßendorf Leuthen mit einer dreifachen Häuserreihe und einer katholischen Kirche mit angrenzendem, ummauertem Friedhof in der Mitte. Die Grenadiere und Husaren gehen mit der Order in Stellung, am 5. Dezember schon eine Stunde vor Tagesanbruch in Bereitschaft zu stehen. Der erfahrene österreichische Feldmarschall Daun rät dazu, sich hier dem preußischen König nicht zu stellen, sondern auszuweichen. Aber der Oberkommandierende Prinz Karl von Lothringen ist anderer Ansicht. Im Vertrauen auf seine überlegene Stärke ist er bereit, die von Friedrich II. angebotene Schlacht anzunehmen.

Am Abend vor der Schlacht leuchten ringsum die Lagerfeuer. Friedrich reitet noch einmal das ganze Lager entlang und verbreitet Hoffnung und Vertrauen unter seinen Soldaten. Sie singen fromme Lieder und sind bereit, mit ihm durch Dick und Dünn zu gehen. Für jede erbeutete Kanone setzt er 100 Dukaten Belohnung aus und verspricht jenem Offizier, der als Erster die gegnerische Schanze erstürmt, den Orden Pour le Mérite. Bereits um 4.00 Uhr früh, einem nebelverhangenen Morgen, brechen die Preußen ihr Biwak ab und beginnen mit dem Aufmarsch, ohne Trommelschlag und so leise wie möglich. Nur manchmal klingt das helle Klirren einer Waffe durch die Dunkelheit, das Schnarren und Knarren eines Lederzeugs oder das dumpfe Knirschen von Wagenrädern. Die zwei parallel marschierenden Infanteriekolonnen sind an den Seiten gedeckt durch Kavallerieregimenter. Vor der Infanterie fahren die »Brummer«, die zwölfpfündigen, von den Grenadieren so geschätzten Festungsgeschütze aus Glogau. Auch um 6.00 Uhr morgens ist es noch nicht hell. Der König reitet nach vorn zu seiner Avantgarde und ruft einen Rittmeister zu sich, der 50 Husaren kommandiert. »Er und seine Leute sollen mir zur Deckung dienen. Er verlässt mich nicht und gibt Acht, dass ich nicht der Kanaille in die Hände falle, versteht er? Falle ich, so bedeckt er den Körper gleich mit dem Mantel und lässt einen Wagen holen. Er legt den Körper sogleich in den Wagen und sagt niemand ein Wort. Die Schlacht geht weiter und der Feind – der wird geschlagen!«

Dann sieht die Vorhut im fahlen Morgennebel auf den schneebedeckten Anhöhen von Borne die Silhouette der feindlichen Kavallerie. Ist das der rechte Flügel der österreichischen Armee? Friedrich lässt weitere Offizierspatrouillen zur näheren Erkundung ausschwärmen. Das seien drei Regimenter der Leichten Sächsischen Reiter und zwei österreichische Husarenregimenter als Vorhut, wird ihm gemeldet, befehligt vom sächsischen Generalmajor Nostitz. Außerdem halten kroatische Grenadiere den Borner Berg besetzt. Sie ziehen sich sofort zurück, als Friedrich ein paar Infanteriebataillone gegen sie in Bewegung setzt. Aber die feindlichen Reiter bleiben auf den Berghängen stehen. Um 8.00 Uhr gibt Friedrich seiner Kavallerie den Befehl, sie anzugreifen. In einer forschen Attacke durch das Dorf Borne hindurch gelingt es ihr, die feindliche Reiterlinie zu zersprengen und sogar zu umfassen. Die Österreicher verlieren zwei Standarten. 600 von ihnen, einschließlich des Befehlshabers Nostitz, werden gefangen genommen. Friedrich lässt sie, psychologisch wohlbedacht, an seinen eigenen Truppen vorbei nach hinten führen. Die Schlacht bei Leuthen hat begonnen, eine Schlacht, von der Napoleon Bonaparte später sagen wird, sie allein genüge, um Friedrich den Großen »unsterblich« zu machen.

Ostwärts von Borne entfalten sich die Spitzen der preußischen Kolonnen so, als ob sie das Dorf Frobelwitz nördlich von Leuthen einnehmen wollten. Für die österreichische Führung entsteht der Eindruck, ihr rechter Flügel werde von der gesamten preußischen Armee angegriffen. Aufgeregt und überrascht reagiert sie sofort, zieht – gegen den Rat von Feldmarschall Daun, dem Sieger von Kolin – einige Kavallerieschwadronen vom linken Flügel ab und wirft ihr gesamtes Reservekorps zur Verstärkung auf den rechten Flügel, weil sie annimmt, dort erfolge der preußische Hauptangriff. Sie erkennt nicht, dass es sich nur um einen Scheinangriff handelt. Friedrich bricht ihn etwa gegen 10.30 Uhr rechtzeitig ab und nimmt seinen linken Flügel wieder zurück, weil er weiß, dass es in der Tat gefährlich ist, bedeutende Kräfte auf längere Zeit zum bloßen Schein zu verwenden. Denn es besteht immer die Gefahr, dass dies ohne Wirkung geschieht, weil der Gegner nicht auf die Täuschung hereinfällt, und dass diese Kräfte dann am entscheidenden Ort fehlen.

Friedrich folgt seinen Husaren durch das Dorf Borne und begibt sich unter dem Schutz seiner 50 Husaren und in Begleitung des Fürsten Moritz zu Anhalt-Dessau – der noch am Morgen geäußert hatte, die Sache werde übel ausgehen, und der wenige Stunden später noch auf dem Schlachtfeld wegen hervorragender Leistungen von Friedrich zum Feldmarschall befördert wird – auf den 144 Meter hohen Schönberg. Er liegt zwischen Borne und Leuthen und südlich von Groß Heidau und der nach Breslau führenden Heerstraße. Von hier aus hat Friedrich bei inzwischen aufgeklartem Wetter einen hervorragenden Blick auf die österreichische Schlachtordnung. Er kann die Aufstellung fast der gesamten österreichischen Armee einsehen bis hin zu General Franz Leopold von Nádasdys linkem Flügel. Dieser linke Flügel macht bei Leuthen einen Haken von 90 Grad, um die beherrschenden Höhen bei Sagschütz mit in den Frontverlauf einzubeziehen. Leuthen selbst ist mit mehreren Grenadierkompanien besetzt, und auch südlich davon liegen, gut geschützt in den Sagschützer Büschen und Gehölzen, fünf Bataillone. Vor der Front sind, zum Teil massiert, die schweren Batterien in Stellung gegangen. Mit dieser gut gewählten Platzierung seiner Truppen will Prinz Karl Stärke demonstrieren, vielleicht auch in der Hoffnung, den Gegner davon überzeugen zu können, dass eine Schlacht für ihn aussichtslos ist.

Friedrich wird sofort klar: Das ist eine zwar recht ausgedehnte, aber starke Stellung, die alle Vorteile des Terrains zweckmäßig nutzt. Schon 1748 hat er in seinen »Generalprinzipien des Krieges« betont, dass der wichtigste Punkt vor einer Schlacht für ihn stets die richtige Wahl des Geländes sei und dann erst der Schlachtplan selbst. Danach handelt er auch jetzt, das heißt, er ändert seinen Plan, weil er erkennt, dass das Gelände für einen Frontalangriff auf den österreichischen rechten Flügel höchst ungeeignet ist. Dann wäre er von den Sagschützer Höhen her einem vernichtenden Flankenfeuer ausgesetzt. Friedrich der Große ist nicht nur als Staatsmann, sondern auch als Feldherr berühmt geworden. Doch von wenigen Ausnahmen abgesehen sind seine Schlachten zumeist strategische Improvisationen gewesen, nicht selten sogar verzweifelte Wagnisse. Das verlieh ihnen, wenn sie gut ausgingen, besonderen Glanz. Aber es ging nicht immer gut, und dann waren die Folgen schrecklich. Bei Leuthen trifft Friedrich spontan die richtige Entscheidung. Er sieht sofort: Diese Sagschützer Höhen müssen auf jeden Fall genommen werden, nur dann hat er eine Chance, die Schlacht zu gewinnen. Von diesen Höhen aus kann er dann den augenscheinlich weniger stark befestigten und schwächer verschanzten linken Flügel der Österreicher in der Flanke und mit aller Kraft angreifen. Aber die Frage ist: Wie soll die preußische Armee im Angesicht des Feindes zügig dorthin kommen? Das erfordert eine neue Aufstellung der Einheiten mit völliger Umgruppierung.

Friedrich entschließt sich nach kurzer Überlegung zu einem kühnen und schwierigen Manöver. Etwa gegen 10.30 Uhr macht seine gesamte Armee vor dem feindlichen rechten Flügel schnell und präzise einen Rechtsschwenk nach Süden und bewegt sich, zum Teil durch Hügelketten und Wäldchen gedeckt, querfeldein durch Äcker, Weiden und Gebüsche und parallel zur nur 3000 Meter entfernten österreichischen Armee. Der lange Heerwurm samt Pferden und Geschützen zieht über eine Distanz von 5000 Metern am Feind vorbei. Dieser Flankenmarsch vollzieht sich zwei Stunden lang direkt vor den Augen der Österreicher. Zunächst setzen sich die ersten Hälften der vier Flügelkolonnen als erste Kampflinie, »Treffen« genannt, hintereinander, dann folgt die zweite Hälfte als zweites Treffen. Wenn der Feind die Gunst des Augenblicks erkennen und jetzt angreifen würde, wären die Preußen verloren. Aber die Schlachtengöttin schlägt mit den Flügeln und die Österreicher mit Blindheit. Prinz Karl, der ideenlose, unbesonnene Bruder des Kaisers, sieht vom Breslauer Berg bei Frobelwitz tatenlos zu. Er führt nicht wie Friedrich vorn, überzeugt sich nicht selbst. In ganz Österreich gibt es im Grunde nur zwei Personen, die an seine Qualitäten als Feldherr glauben: Kaiser Franz und seine Gemahlin Maria Theresia. Vor seinem Gegner hat Prinz Karl größten Respekt. »Ehrenwerte Majestät dürfen versichert sein«, hat er zum Kaiser gesagt, »dass dieser König von Preußen einer Hydra gleicht. Wenn man ihr einen Kopf abschlägt, wächst ihr sofort ein anderer nach«. Prinz Karl unternimmt nichts, weil er glaubt, die Preußen ziehen tatsächlich ab, nachdem sie die ganze Stärke des Gegners erkannt haben. Und auch Feldmarschall Leopold Graf Daun, der im Dezember 1757 lediglich eine beratende Funktion hat, scheint dieser Meinung gewesen zu sein. Denn nach der Überlieferung soll er gesagt haben: »Die Leute paschen *(gehen)*, man störe sie nicht!« Nur Graf von Nádasdy, einer der fähigsten Generäle der kaiserlichen Armee, ist sich sicher, dass die Preußen jetzt mit allem, was sie haben, seinen linken Flügel angreifen werden. Vergeblich schickt er einen Boten nach dem anderen mit der dringlichen Bitte um Verstärkung zu seinem Oberbefehlshaber. Aber das Reservekorps steht nun weit weg auf dem anderen Flügel.

Der preußische König muss noch ein weiteres Problem lösen: Die Truppen müssen so gruppiert werden, dass sie nacheinander zum Einsatz kommen und eine fortlaufende Verstärkung des Angriffs gewährleistet ist. Auf keinen Fall dürfen sich die Truppen vor der Front des Gegners zusammenballen. Das ist der schwierigste Teil des Manövers. Als die Spitze der preußischen Armee gegen 12.00 Uhr mittags die linke österreichische Flanke passiert hat, schwenkt sie plötzlich nach Osten ab, marschiert am linken feindlichen

Flügel entlang und nimmt dann etwa in der Mitte desselben Front zum Gegner. Dabei staffelt sich die Aufstellung nach links hinten zurück, das heißt, 20 Bataillone werden im Abstand von 50 Metern etwa 1000 Meter zurückversetzt. Dadurch entsteht eine schiefe Schlachtordnung, ein taktisches Mittel, auf das Friedrich gern zurückgreift.

Bereits beim Vorgehen auf den Sagschützer Kiefernberg feuern die schweren »Brummer« in den Gegner hinein. Die Bataillone des Generalmajors Karl Heinrich von Wedell gehen mit preußischer Disziplin auf den im Sagschützer Verhau verschanzten Feind vor. Der König weist sie persönlich ein, wie der Grenadier Rudolf Ernst von Barsewisch, der als 20-jähriger Fahnenjunker im Schlachtgetümmel dabei war und es schwer verwundet überlebt hat, in seinen Kriegserinnerungen berichtet: »Burschen, seht ihr dort wohl die Weißröcke? Die sollt ihr aus der Schanze wegjagen. Ihr müsst nur stark auf sie anmarschieren und sie mit dem Bajonett daraus vertreiben. Ich will euch alsdann mit fünf Grenadierbataillonen und der ganzen Armee unterstützen. Hier heißt es siegen oder sterben!«

Und so geschieht es. Vorneweg stürmen die Pommern und Lausitzer des Infanterieregiments Dietrich Richard von Meyerinck. Es verliert bei Leuthen 454 Mann und 10 Offiziere und erhält nach der Schlacht 14 Orden Pour le Mérite. Noch heute zieren die Uniformlitzen dieses Regiments Nr. 26 die Kragenspiegel der deutschen Generalsuniform. Der Bajonettangriff wirft den Feind vom Kiefernberg. Geschlagene Einheiten reißen in panischem Schrecken andere mit zurück. Sieben Kanonen werden erobert, und auch der Kirchberg östlich von Sagschütz wird genommen. Die in schräger Schlachtordnung vorgehenden, exakt ausgerichteten und in rascher Folge feuernden preußischen Grenadiere in ihren blauen Röcken brechen in die Flanke des Feindes ein und nehmen die beherrschenden Sagschützer Höhen im Sturm, wo nun die schweren Geschütze Stellung beziehen und ein mörderisches Feuer auf die österreichische Flanke eröffnen. Ganze feindliche Regimenter fluten vor der Gefahr, nun gänzlich umgangen zu werden, in völliger Auflösung zurück. General Nádasdy versucht verzweifelt, seine zerstreuten Kavallerieregimenter am Gohlauer Graben zu sammeln und zu einem Gegenangriff zu formieren. Aber Zietens Reiter kommen ihm zuvor, seine 53 Schwadronen Dragoner und Husaren zerschlagen endgültig Nádasdys Korps und den ganzen linken österreichischen Flügel.

Damit ist die Schlacht jedoch noch nicht entschieden. Trotz starker Verluste ist der Gegner zahlenmäßig noch immer überlegen, ein Großteil seiner Regimenter und Schwadronen hat noch gar nicht in den Kampf eingegriffen. Der starke rechte Flügel ist noch vollkommen intakt, und im befestigten Dorf Leuthen stecken Straßen, Häuser, Scheunen, Höfe und Ställe voller Soldaten. Und auch in den beiden Mühlen neben dem Dorf haben sie sich verschanzt. Als die preußischen Regimenter um 15.30 Uhr zum Sturmangriff antreten, schlägt ihnen eine Feuerwand entgegen. Der Friedhof im Zentrum neben der Kirche erweist sich mit seiner hohen, mit Schießscharten und Ecktürmen versehenen Mauer aus Natursteinen als richtige kleine Festung. Hier droht der preußische Ansturm zum Erliegen zu kommen. Friedrich holt das 2. und 3. Bataillon der Garde nach vorn. Doch auch diese Elitetruppe stockt, ihr Kommandeur zögert. Da springt Hauptmann von Möllendorf, der

spätere Feldmarschall, todesmutig nach vorn und übernimmt mit dem Ruf »Leute, folgt mir!« die Führung. Er
sprengt das Westtor, so dass die Gardeinfanteristen nach-
drängen können. Nach der blutigen Erstürmung des Kirch-
hofs, die in der späteren militärischen Tradition eine patri-
otische und überzeitliche Bedeutung erlangt, geben auch
die letzten Verteidiger hinter Hecken und Zäunen auf. Von
dem zur Reichsarmee gehörenden fränkischen Söldner-Ba-
taillon Roth-Würzburg, das sich bis zum Schluss mit besonderer Tapferkeit wehrt, bleiben nur 33 Mann und vier
Offiziere am Leben. Gegen 16.00 Uhr ist Leuthen in preußischer Hand.

Prinz Karl gibt sich noch nicht geschlagen. Noch stehen
auf Luccheses rechtem Flügel vor allem 70 Kavallerieschwadronen südöstlich von Groß Heidau zum Angriff auf die
entblößte preußische linke Flanke bereit. Sie sollen nun das
Kriegsglück wenden, die preußischen Linien von Westen
her aufrollen und die Entscheidung bringen. Aber die Österreicher reiten direkt in den Tod. Ihnen unterläuft ein
schwerer Fehler: Sie klären nicht auf. Wahrscheinlich ist
der Grund für diese Sorglosigkeit darin zu sehen, dass die
österreichische Führung glaubt, Friedrich habe bereits alle
seine Reserven eingesetzt. Doch das ist nicht der Fall. In
der Regel zählen zum sogenannten »hintersten Treffen«, der
Reserve des Heerführers, besonders gute Truppen, bei Napoleon zum Beispiel stets die Garde. Auch Friedrich hat
solche in der Hinterhand. Nordwestlich von Radaxdorf liegen unter dem Kommando des bewährten Generalleut-
nants Georg Wilhelm von Driesen in guter Deckung 35
kampferfahrene Schwadronen preußischer Kavallerie. Driesen hat Patrouillen losgeschickt und rechtzeitig erkannt,

Schlacht bei Leuthen (5. Dezember 1757)

nach Neumarkt

Nypern

4

3

Heide

8

2

Borne

Sarawitz

1

Frobelwitz

Preußischer
Scheinangriff

nach Breslau

Auf den rechten
Flügel geworfene
österreichische
Reserve

Leuthen

Lobetinz

9

5

Judenberg

Sagschütz

6

Kiefernberg

Kertschütz

7

Schriegwitz

Legende

1 Preußischer rechter Kavallerieflügel
2 Preußischer rechter Infanterieflügel
3 Preußischer linker Infanterieflügel
4 Preußischer linker Kavallerieflügel
5 Driesens linker Kavallerieflügel
6 Preußisches Infanteriezentrum
7 Zietens rechter Kavallerieflügel
8 Österr. rechter Flügel Graf Lucchese
9 Österr. linker Flügel Graf Nádasdy

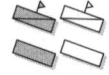 Kavallerie

Infanterie

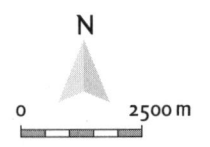 Schwere Geschütze

N

0   2500 m

Entwurf: H.-D. Otto, Karte: geografik.net

dass ein Angriff auf die Schwachstelle der Preußen bevorsteht, ihre linke Flanke. Ohne einen Befehl des Königs abzuwarten, schwenkt er mit seinem Korps in einem großen Bogen nach links aus und führt seine Reiter, durch die Höhen gedeckt, so weit nördlich an die feindliche Reiterei heran, dass er sie vor allem mit seinem schweren Kürassier-Regiment Nr. 1, Hans Caspar von Krockow, in der Flanke und im Rücken packen kann. Luccheses Schwadronen werden, noch bevor sie Raum gewinnen können, von der in vollem Galopp vorgetragenen Attacke völlig überrascht und auf die eigene Infanterie zurückgeworfen. Dabei findet auch Graf Lucchese den Tod.

Als die österreichischen Infanteristen auf dem rechten Flügel sehen, wie ihre eigenen Reiterscharen, vermischt mit Preußen, auf sie zustürmen, verlässt auch sie der Mut. Als von Leuthen her auch noch preußische Grenadiere herankommen, greift Panik um sich. Ganze Bataillone werfen die Gewehre von sich und versuchen in wilder Flucht, bei Lissa die rettenden Brücken über die Weistritz zu erreichen. Prinz Karl gelingt es nicht mehr, zwischen Frobelwitz und Lissa eine neue Frontlinie aufzubauen. Die zwischen 16.00 und 17.00 Uhr einbrechende Dunkelheit verhindert eine konsequente Verfolgung der demoralisierten Österreicher. Ihre Verluste sind schwer. Sie verlieren ein Drittel ihrer Truppenstärke, etwa 27.000 Mann, weitere 20.000 gehen in Gefangenschaft, darunter 17 Generäle. Die Verluste der Preußen sind deutlich geringer, aber immer noch beträchtlich: 6159 Mann und 223 Offiziere.

Die verblüffendsten Siege sind deshalb so verblüffend, weil sie zumeist gegen eine große Übermacht errungen werden. Das gilt auch für die taktisch-operative Meisterleistung von Leuthen. An den Lagerfeuern der preußischen Grenadiere erklingt, wie viele Augenzeugen übereinstimmend berichtet haben, in dieser Nacht das christliche Lied aus dem Dreißigjährigen Krieg »Nun danket alle Gott!«. Erst stimmt es ein Soldat mit tränenerstickter Stimme an, dann fallen 25.000 Menschen mit Inbrunst und tiefem Dankgefühl ein. Dieser »Choral von Leuthen« wird bis in den Zweiten Weltkrieg hinein zum sakralen Symbol für todesmutige Kampfkraft sowie unbedingten Gehorsam und Siegeswillen gegen einen zahlenmäßig überlegenen Gegner. Wenige Tage nach Leuthen gelingt es Friedrich, die 17.000 Österreicher, die sich nach Breslau abgesetzt hatten, zur Kapitulation zu zwingen. Ende Dezember 1757 ist ganz Schlesien wieder preußisch und wird es auch am Ende des Siebenjährigen Krieges noch sein.

Nach Leuthen lässt das verbündete England, das Friedrich zu Beginn des Krieges schmählich im Stich gelassen hatte, wieder Geld in die preußische Kriegskasse fließen. Und in den Zeitungen überschlagen sich die Siegesmeldungen. Leuthen entscheidet und beendet zwar nicht den Krieg. Er dauert noch weitere sechs blutige Jahre. Aber die Schlacht macht Friedrich II. zum populärsten Mann Europas. Jedes Kind kennt nun – und erst recht am Ende des Krieges, als er sich gegen eine Welt von Feinden behauptet hat – das Bild des »Alten Fritz« wie Wolfgang Venohr es über 230 Jahre später so treffend beschrieben hat: dieses kleinen unüberwindlichen Mannes aus Berlin mit den hellwachen blauen Augen, dem tressengeschmückten Dreispitz und der abgetragenen dunkelblauen Uniform mit roten Aufschlägen und breiten Rockschößen, in etwas gebückter Haltung auf den Krückstock gestützt, an der Seite den Degen, vorn die Weste beschmutzt mit Schnupftabak, und mit langen schlottrigen Stiefeln bis über die Knie.

Der gichtkranke König altert in der Tat schon früh. Wenige Jahre nach Leuthen, am 18. November 1760, vertraut der 48-Jährige der Gräfin Camas, seiner alten Oberhofmeisterin, in einem Brief an: »Ich schwöre Ihnen, es ist ein Hundeleben. Kein Mensch außer mir und Don Quixote hat so gelebt. Diese unaufhörlichen Geschäfte, diese stete Unruhe haben mich so alt gemacht, dass Sie Mühe haben werden, mich wiederzuerkennen. Auf der rechten Seite sind mir die Haare völlig grau geworden, meine Zähne werden mürbe und fallen aus. Mein Gesicht ist so voll von Runzeln wie ein Frauenkleid von Falten, der Rücken krumm wie ein Fiedelbogen, und mein Inneres so traurig und niedergeschlagen wie die Seele eines Trappisten.«

Nach dem ruhmreichen Sieg von Leuthen, das heute auf Polnisch Lutynia heißt und in dem auch die Kirche mit den Resten der Friedhofsmauer noch steht, bleibt Friedrich selbst bescheiden. In einem Brief an den Marquis d'Argens schreibt er: »Mit Alexander verglichen bin ich nur ein alberner Knabe und fühle mich nicht wert, Caesars Schuhriemen zu lösen. Nein, lieber Freund, Sie werden mich so wiederfinden, wie ich Sie verlassen habe. Denn die Dinge, die sich von weitem so glänzend ausnehmen, sind in der Nähe besehen oft sehr klein.«

DESASTER AM DELAWARE

Trenton, New Jersey, 24.–26. Dezember 1776

Der verblüffende Sieg, mit dem wir uns jetzt beschäftigen wollen, zeichnet sich durch drei bemerkenswerte Besonderheiten aus. Zum einen ereignete er sich nicht in Europa, sondern im Dezember 1776 auf der anderen Seite des Atlantiks im Osten der gerade entstehenden Vereinigten Staaten. Zweitens ist der Waffengang, der als Schlacht bei Trenton in die Geschichte eingegangen ist und zum Wendepunkt im Kampf der Amerikaner um die Loslösung von der englischen Krone wurde, ein typischer Handstreich, ein glänzender militärischer Überraschungscoup mit all der Kühnheit und Verwegenheit, die derartige Unternehmungen auszeichnen. Die Aussichten, dass er gegen den an Ausbildung, Erfahrung und Kampfkraft weit überlegen Feind gelang, waren recht gering. Und drittens ist es für uns besonders interessant, dass es deutsche Soldaten waren, die auf der Gegenseite standen.

Lange Zeit deutet nichts darauf hin, dass der große, kräftige und breitschultrige, 1732 in Virginia geborene Mann mit dem Namen George Washington einmal zu den berühmtesten Männern Amerikas gehören würde. Im »French and Indian War« der Jahre 1754 bis 1763 zeichnet er sich zwar im Range eines Obersten der Miliz durch militärische Umsicht und persönlichen Mut aus und erregt einige Aufmerksamkeit, aber nach seiner Heirat im Jahr 1759 zieht er sich mit seiner Frau Martha und zwei adoptierten Kindern aus deren erster Ehe auf sein Gut Vernon zurück. Hier führt er das Leben eines selbstbewussten, großzügigen

Plantagenbesitzers, ist Mitglied der Freimaurerloge in Fredericksburg und beschäftigt auf seinem Anwesen über 100 schwarze Sklaven. Einem Freund schreibt er: »Ich … hoffe in der Zurückgezogenheit mehr Glück zu finden, als ich jemals in einer weiten und geschäftigen Welt erleben könnte.«

Doch dann lockt ihn die Politik. Er ärgert sich über die britische Kolonialpolitik, lehnt sich dagegen auf, ohne allerdings radikale demokratische Forderungen zu vertreten wie Thomas Paine, und ist als integrer Republikaner und Patriot der Sache seines Landes treu ergeben. Als gewählter Delegierter Virginias nimmt er 1774 am ersten Kontinentalkongress teil, dem neu entstandenen revolutionären Machtorgan der aufständischen Kolonien, und wird dann im Juni 1775 vom zweiten Kontinentalkongress aufgrund seines hervorragenden Rufs und seiner militärischen Erfahrungen zum Oberbefehlshaber der Kontinentalarmee ernannt.

Seine Hauptaufgabe besteht zunächst darin, überhaupt eine Armee zusammenzubringen und sie dann zusammenzuhalten, was schwierig genug ist. Die Männer haben ihre minimalen Kriegskenntnisse in der Miliz der einzelnen Kolonien erworben, wo sie Disziplin nicht kannten und nur zum Dienst antraten, wenn direkte und unmittelbare Gefahr drohte. Mit dieser zusammengewürfelten Truppe, die ihre Offiziere selbst wählt, soll George Washington nun gegen die Armee und Marine des mächtigsten Landes der Welt Krieg führen. Der Kongress bewilligt die für die Ausrüstung erforderlichen Mittel nur zögerlich, worüber Washington ständig Klage führen muss. Sein militärisches Kommando ist von stetem Mangel geprägt, aber irgendwie schafft er es doch, 10.000 Mann dafür zu gewinnen, sich mit ihm auf die Gefahren des Soldatendaseins einzulassen. Am 2. Juli 1776 beschließt der Kongress, »dass diese Vereinigten Kolonien freie und unabhängige Staaten sind und von Rechts wegen bleiben müssen«, und zwei Tage später kommt es zu der berühmten Unabhängigkeitserklärung. Die tüchtigsten und begabtesten Amerikaner machen sich nun mit aller Energie daran, den Krieg gegen die Briten zu gewinnen.

In den ersten Gefechten bei Concord und Bunker Hill beweisen die Amerikaner eine erstaunliche Kraft. Sie zwingen die Engländer, Boston zu räumen. Die britische Kriegsmaschinerie setzt sich nur langsam in Bewegung. Das Parlament genehmigt eine Armee von 55.000 Mann, doch die Anwerbung in England geht nur zögerlich vonstatten. Deshalb stellt die Regierung 30.000 deutsche Soldaten ein, darunter 17.000 aus Hessen-Kassel, die mit 400 Transportschiffen, 30 Kriegsschiffen und 10.000 Seeleuten eiligst an die amerikanische Ostküste gebracht werden.

Oberbefehlshaber der britischen Armee in Amerika ist seit Oktober 1775 General William Howe (1729–1814), ein vorsichtiger, zaghafter Mann. Im Sommer 1776 besiegt er in der Schlacht von Long Island Washingtons Truppen, lässt sie aber entkommen. Die Militärhistoriker sind sich darüber einig, dass ein entschlosseneres Vorgehen zur vollständigen Vernichtung der Kontinentalarmee geführt hätte. Sie bleibt zwar erhalten, gerät nun aber von einer Katastrophe in die andere. Für die Patrioten brechen dunkle Tage an. Es sieht ganz so aus, als ob die Amerikaner den Krieg verlieren würden. Insbesondere der Kampfkraft der routinierten hessischen Regimenter haben sie wenig entgegenzusetzen. Sie werden von deren Feuergeschwindigkeit und den gefürchteten Bajonettangriffen geradezu überrannt. Im Herbst 1776 verfügt Washington nur noch über rund 4000 schlecht ausgerüstete, entmutigte Soldaten, mit denen er kaum weiteren Widerstand leisten kann. Seine Ersuchen beim Gouverneur von New Jersey, sofort Verstärkung zu schicken, bleiben weitgehend erfolglos. Nur zwei zusätzliche Brigaden treffen ein.

Washington wendet sich mit den Resten seiner Armee südwärts, um über den Delaware River zu entkommen. Dieser Fluss ist mit 491 Kilometern Länge einer der größten im Osten der Vereinigten Staaten. Er bildet die Grenze zwischen New Jersey und Pennsylvania. Südlich von ihm liegt Philadelphia, das George Washington unbedingt schützen will. Denn Philadelphia ist die Hauptstadt der Rebellen. Der englische General Charles Cornwallis (1738 bis 1805), ein erfahrener Truppenführer, der schon im Siebenjährigen Krieg in Deutschland gekämpft hat, will sofort angreifen, um zu verhindern, dass die Amerikaner den Delaware überqueren. Er möchte mit einer letzten Schlacht den Krieg beenden. Doch General Howe zögert mit der Zustimmung, so dass Washingtons Soldaten am 7. und 8. Dezember 1776 in einigen mitgeführten Booten mit Gewehren, Kanonen und Gepäck ungehindert den Delaware überqueren können. Am anderen Ufer, das schon zu Pennsylvania gehört, macht Washington Halt, um weitere Schritte zu planen.

Als Cornwallis' Truppen, drei kampfkräftige und erfahrene hessische Regimenter, etwa zehn Meilen weiter südlich den Fluss auf der gegenüberliegenden Seite in der Nähe der kleinen Stadt Trenton erreichen, bleiben sie ebenfalls stehen. Da sie keine Boote haben, wollen sie hier warten, bis der Fluss völlig zugefroren ist, um dann ein paar Wochen später ebenfalls ans andere Ufer zu gelangen oder möglicherweise in der Stadt zu überwintern. Die hessischen Infanteristen quartieren sich in Trenton ein, dazu eine Abteilung Artillerie, etwa 70 Jäger und leichte Dragoner, insgesamt etwa 1400 Mann.

Befehlshaber dieser hessischen Streitmacht in Trenton ist Oberst Johann Gottlieb Rall (1725–1776), ein ebenso verwegener wie trinkfreudiger, mehrfach ausgezeichneter 51-jähriger Haudegen, der schon an vielen Feldzügen und Schlachten in ganz Europa teilgenommen und in den Jahren 1771 bis 1772 sogar im russischen Türkenkrieg für Katharina die Große gekämpft hat. Seit Anfang 1776 steht er auf amerikanischem Boden in Diensten des britischen Königs Georg III. (1738–1820), macht hier erneut durch außergewöhnliche Tapferkeit auf sich aufmerksam und ist auch in der siegreichen Schlacht von Long Island dabei. In Trenton kommandiert er ein Regiment selbst, die beiden anderen werden von den Obristen von Knyphausen und von Lossberg geführt.

Amerikanische Kundschafter melden Washington, dass Trenton von mindestens 1500 kampferprobten hessischen Soldaten besetzt ist, und wahrscheinlich war ihm auch bekannt, mit welchem Kommandeur er es auf der anderen Seite des Delaware River zu tun hatte. Von Washingtons Offizieren ist Colonel Joseph Reed einer der ersten, die den Vorschlag machen, an den bevorstehenden Weihnachtstagen in der Dunkelheit der Nacht erneut über den Fluss zu setzen, um am anderen Ufer auf Trenton zu marschieren. Washington lässt sofort detaillierte Pläne ausarbeiten und diskutieren. Er hat zwar rund 1000 Mann mehr zur Verfügung, doch in punkto Kampfkraft, Gefechtserfahrung und Ausrüstung kommen nach seiner Rechnung auf jeden seiner Soldaten mindestens drei Hessen, die außerdem den Vorteil haben, im Schutz der Häuser und Mauern der Stadt kämpfen und sehr wahrscheinlich sogar Kanonen einsetzen zu können. Andererseits setzt er darauf, dass die Hessen wohl nach deutschen Sitten und Gebräuchen in gelockerter Disziplin ausgiebig Weihnachten feiern und zu dieser Zeit mit einem Angriff kaum rechnen werden. »Wir müssen sie einfach überrumpeln!«, sagt er zu seinen Männern und gibt für den Weihnachtsabend unter der Parole »Sieg oder Tod!« den Befehl zum Angriff. Jeder seiner 2400 Soldaten erhält eine Drei-Tages- Ration und 40 Schuss Munition.

Das riskante Unternehmen beginnt in der Nacht zum 25. Dezember 1776 während eines kräftigen Schneesturms, der die Sicht behindert und den Soldaten in den Booten eiskalt ins Gesicht bläst. Gefährliche, dicke Eisschollen treiben im Fluss, manche sind sogar so groß, dass sie wie Barrieren den Weg versperren und mühsam umfahren werden müssen. Aber seeerfahrene Matrosen aus Massachusetts unter dem Kommando von Colonel John Glover bringen mit Geschick und Können die 2400 Mann sicher hinüber. Das berühmte Ölbild, das Emanuel Leutze von dieser Überquerung gemalt hat, ist zu einer Ikone der US-Geschichte geworden: Washington steht hoch aufgerichtet im Bug eines Bootes, neben ihm hält Leutnant James Monroe (1758–1831), der spätere Präsident, die amerikanische Flagge hoch. Dass sie erst ein halbes Jahr später eingeführt wurde, störte den Maler wenig. Ihm kam es mehr auf die Symbolik als auf historische Korrektheit an.

Das gesamte Manöver dauert mehrere Stunden, und es ist schon 4.00 Uhr früh, als die kleine Streitmacht am Ostufer von Jersey mit dem neun Meilen langen Marsch Richtung Süden nach Trenton beginnt. Jeder Einzelne erhält den Befehl zu absolutem Stillschweigen. Manche Soldaten haben nicht einmal Stiefel. Sie umwickeln sich die Füße mit Lappen und hinterlassen in den folgenden vier bis fünf Stunden eine blutige, dunkelrote Spur im Schnee. George Washington hat später geschrieben, am anderen Ufer seien ihm ernsthafte Zweifel gekommen, ob sie wirklich die feindlichen Truppen in Trenton überraschen könnten, da sie die Stadt erst am Morgen erreichen würden. Er habe jedoch den Befehl zum Weitermarsch gegeben, weil sie bei einem Rückzug über den Fluss am helllichten Tag auf jeden Fall entdeckt worden wären. Er teilt seine Truppen in zwei Gruppen ein, die sich Trenton unter der Führung der Generäle Greene und Sullivan auf zwei verschiedenen Straßen nähern sollen.

Auf den Plätzen und Straßen der Stadt haben die Hessen in der bitterkalten und verschneiten Weihnachtsnacht Feuer entfacht. Sie sitzen davor, wärmen sich an den offenen Flammen, trinken und lärmen und singen inbrünstig deutsche Weihnachtslieder. Im Vertrauen auf ihre militärische Stärke feiern sie mit den Einwohnern die ganze Nacht hindurch. Oberst Rall hat sein Hauptquartier in der King Street im Haus von Stacy Potts aufgeschlagen. Ein Ordonnanzoffizier hat am Vortag eine Meldung von General Ulysses Grant überbracht, dass am Delaware feindliche Truppen lagern und möglicherweise ein Angriff bevorsteht. Doch Rall reagiert darauf nicht, und auch dem Vorschlag seines Stabsoffiziers Major von Dechow, vorsichtshalber

Patrouillen auszuschicken und die nähere Umgebung zu erkunden, schenkt er keine Beachtung. Er wiegt sich in Sicherheit und entgegnet lachend: »Diese Landclowns können uns nichts anhaben!« Der selbstherrliche und sture Oberst Rall hat tatsächlich eine sehr geringschätzige Meinung von den amerikanischen Soldaten. Er hasst sie und versteht nicht, warum sie sich gegen ihr Mutterland erheben. Auf Ratschläge legt er keinen Wert. Als sein Stab beim Einmarsch in Trenton vorgeschlagen hatte, Erdwälle zu errichten und die Stadt zu befestigen, wies er sie barsch mit der Bemerkung ab, gegen diese Milizmemmen werde das Bajonett schon ausreichen.

Die Weihnachtsnacht verbringt Oberst Rall zusammen mit Freunden im Hause von Abraham Hunt in der King Street. Der reiche Kaufmann serviert ihm ein opulentes Weihnachtsmahl. Man zecht heftig die ganze Nacht hindurch, spielt Karten und amüsiert sich prächtig. Die farbigen Bediensteten haben strikte Order, niemanden vorzulassen. Oberst Rall will nicht gestört werden. So wird auch ein pennsylvanischer Königstreuer abgewiesen, der ihm mitteilen will, amerikanische Truppen würden auf Trenton marschieren. Der besorgte Mann schreibt seine Warnung auf einen Zettel, er wird Rall auch überbracht, aber der Oberst steckt ihn ungelesen in seine Westentasche. Als der Morgen graut, schwankt er zurück in sein Hauptquartier und fällt berauscht in sein Bett.

Als Washington mit seinen Soldaten Trenton fast erreicht hat, wird ihm gemeldet, ein Einsatz der Gewehre sei nicht möglich, weil der eisige, scharfe Wind das Schießpulver wegwehe. »Dann müssen wir sie eben mit dem Bajonett erledigen!«, ist seine spontane Antwort, die unverzüglich als

Befehl weitergegeben wird. Gegen 8.00 Uhr morgens trifft die Spitze von General Greenes Einheit in der Pennington Road auf hessische Vorposten. Leutnant Wiederhold gibt Alarm. »Der Feind! Der Feind! Kommt heraus! Kommt heraus!« Im Hauptquartier versucht man, Oberst Rall zu wecken. Leutnant Piel, sein Adjutant, klopft an seine Tür. Nach einiger Zeit steckt der Oberst den Kopf aus einem der oberen Fenster und ruft: »Was ist los?« Als er zur Antwort erhält, der Feind sei in der Stadt, erscheint er in Strumpfsocken und mit glasigen Augen an der Haustür und versichert, er werde gleich da sein. Aber er kann keine klaren Befehle geben und ist kaum kampffähig. Immerzu ruft er »Vorwärts!« Vorwärts!«, was die Konfusion unter seinen Soldaten noch vergrößert. Sie versuchen sich zu formieren, können aber nicht verhindern, dass die Amerikaner ins Zentrum zur Kreuzung King und Queen Street vorrücken. Dort bringt Captain Forrest sechs seiner Kanonen in Stellung und eröffnet das Feuer. Seine Kameraden von der Infanterie feuern mit ihren Gewehren aus Häusern und Kellern heraus, wo sie ihr Schießpulver trocken halten können.

Oberst Rall, inzwischen zu Pferde, beordert sein Musikkorps nach vorne und formiert sein Regiment unter den Klängen von Pauken und Trompeten zum Gegenangriff. Die hessischen Soldaten, manche nur halb bekleidet, rücken in Schlachtordnung vor und versuchen, eine Obstplantage außerhalb der Stadt zu erreichen. Aber sie werden von den Amerikanern reihenweise niedergeschossen. Auch das hessische Regiment von Knyphausen macht einen Ausbruchsversuch, wird aber abgefangen und ergibt sich. Wenig später streckt auch das Regiment von Lossberg die Waffen. Oberst Rall wird in der Queen Street von zwei Gewehrkugeln schwer verwundet und fällt vom Pferd. Man bringt ihn in die Methodistenkirche.

Der Handstreich ist geglückt, Trenton ist in der Hand amerikanischer Soldaten. Sie werfen jubelnd ihre Hüte und Mützen in die Luft. General Washington ruft ihnen zu: »Dies ist ein glorreicher Tag für unser Land!« Zusammen mit General Greene sucht er in der Kirche den im Sterben liegenden Oberst Rall auf und erweist ihm eine letzte militärische Ehre. Rall stirbt am Abend des 27. Dezember und wird im Kirchgarten beerdigt. Sein Grab ist heute unbekannt. Auch die beiden anderen hessischen Regimentkommandeure überleben die Schlacht nicht. Insgesamt sterben 35 hessische Soldaten, 60 sind verwundet und 948 werden gefangen genommen. Die Amerikaner haben dagegen nur vier Verwundete zu beklagen.

Washingtons mutiger Marsch auf Trenton erweist sich als kluger strategischer Zug. Die Einnahme der Stadt wird zum Wendepunkt im Kampf um die Freiheit. Ein relativ kleines Gefecht bringt einen außerordentlichen Erfolg, der Kampfgeist und Moral der amerikanischen Soldaten wiederherstellt und auch der Hoffnung neue Impulse verleiht, nun Hilfe von Frankreich zu bekommen, Englands traditionellem Feind. Geradezu entzückt über den Aufstand der Kolonien, schickt Ludwig XVI. einen Beobachter nach Amerika, Achard de Bonvouloir. Fortan berät er den im November 1775 vom amerikanischen Kongress berufenen Geheimausschuss. Es kommt zu konkreten Verhandlungen mit Frankreich, das Kriegsmaterial und Munition im Werte von einer Million Livres liefert und fest entschlossen ist, England um jeden Preis zu schwächen. Auch Spanien hilft mit dem gleichen Betrag. Im Dezember 1776 entsendet der

Kongress weitere amerikanische Bevollmächtigte nach Paris, darunter Benjamin Franklin, um Freundschafts- und Handelsverträge und am 6. Februar 1778 dann auch einen offiziellen Bündnisvertrag abzuschließen. In London begreift ein behäbiges Parlament allmählich, dass England diesen Krieg verlieren könnte. In Preußen schätzt man die Lage ähnlich ein. Als Friedrich der Große von dem überraschenden Sieg der Amerikaner am Delaware erfährt, soll er gesagt haben, die Schlacht von Trenton sei die größte des Jahrhunderts gewesen, groß in der Komposition und der Kriegskunst unter widrigsten Bedingungen.

DER WEG INS VERDERBEN

Russland, 24. Juni–23. Dezember 1812

Als der selbsternannte französische Kaiser Napoleon Bonaparte (1769–1821) am 23. Juni 1812 mit seiner »Grande Armée«, der größten Armee, die die Welt bis dahin gesehen hat, den Njemen überschreitet und Russland angreift, steht er auf dem Höhepunkt seiner Macht. Er ist der Herr des Abendlandes. Sein Reich mit fast 50 Millionen Einwohnern erstreckt sich von Neapel bis zur Ostsee, vom Kanal bis an die Adria und von Madrid bis Warschau. Die Bewunderung und auch das Grauen vor dem Kaiser, der wie der Kriegsgott selbst erscheint, lähmt halb Europa, als Napoleons riesige Heeressäulen hinter der russischen Grenze verschwinden. Nicht nur er selbst ist von einem schnellen Sieg überzeugt. Überall in Europa rechnet man fest damit, dass der große Stratege, der in den letzten Jahren von einer siegreichen Schlacht zur anderen geeilt ist, Österreich in drei großen Kriegen überwunden, Italien unterworfen und Preußen zerschmettert hat, mit seinen an Zahl, Kampfkraft und Stärke weit überlegenen Truppen nun auch die Russen besiegt. Aber diesmal verrechnet er sich. Der Gegner überrascht ihn unter Ausnutzung der ungeheuren Weiten des russischen Raumes mit einer Strategie, mit der Napoleon nicht gerechnet hat und die ihm in all seinen Feldzügen in dieser Form bisher noch nicht begegnet ist. Sie führt schließlich dazu, dass der gewaltige Goliath zu Fall gebracht wird. Auf dem verhängnisvollen Weg ins Verderben wollen wir Napoleon nun begleiten und herausfinden, wie es zum katastrophalen Untergang seiner »Grande

Armée« und seiner einsamen Flucht zurück nach Paris kommen konnte.

Nur fünf Jahre zuvor, im Juli 1807, war es nach der totalen Niederlage Preußens gegen Napoleon zwischen ihm und dem russischen Zaren Alexander I. (1777–1825) in Tilsit zu einem Friedensvertrag gekommen. Beide Herrscher trafen sich mitten auf dem Njemen, der damals noch Memel hieß, in einem auf einem Floß gebauten Holzhaus, während Friedrich Wilhelm III. (1770–1840), der König des besiegten Preußen, vom Ufer aus tatenlos zusehen musste, wie beide den Frieden zwischen Frankreich, Russland und Preußen aushandelten. Preußen muss die für damalige Verhältnisse kaum vorstellbare Summe von 100 Millionen Franken als Kriegsentschädigung zahlen. Außerdem verliert es alle Gebiete westlich der Elbe sowie die meisten 1772 von Polen gewonnenen Gebiete an das neu geschaffene Herzogtum Warschau, das aber nichts anderes ist als ein napoleonischer Satellitenstaat. In dem Tilsiter Frieden von 1807, einem Friedensschluss »für ewige Zeiten«, wie es im Text des Vertrages heißt, der zugleich ein Bündnis mit Russland besiegelt, strebt Napoleon zunächst eine enge Zusammenarbeit mit dem Zarenreich an. Auf seinen Druck hin tritt es der Kontinentalsperre gegen England bei. Mit dieser seit 1806 bestehenden Wirtschaftsblockade versucht Napoleon, das britische Weltreich in die Knie zu zwingen. Alle Staaten Europas leiden unter der Last dieser gewaltsamen Handelssperre. In Russland führt sie dazu, dass das Land an den Rand des Bankrotts gerät.

Unmittelbar nach Tilsit bricht sowohl in Frankreich als auch in Russland eine Periode der Illusionen an. Aber sie ist schnell vorüber. Schon bald danach verschlechtert sich das Klima zwischen beiden Ländern zusehends. Die Interessengegensätze zwischen ihnen werden immer größer. Napoleon liebt es zwar, vom dauerhaften Frieden zu sprechen, und er wiederholt oft und gern, dass er um des Friedens willen Krieg führe. Aber er trägt den Frieden auf einer Bajonettspitze, und der Frieden, den er Europa mit Waffengewalt aufgezwungen hat, ist ein Frieden der französischen Interessen und der Vormachtstellung Frankreichs. Unter Verletzung des Tilsiter Vertrages verstärkt Napoleon schon alsbald seine Garnisonen in Stettin, Küstrin und Glogau und beruft im Dezember 1810 mehr als 80.000 Rekruten ein. Zar Alexander meldet seinerseits Ansprüche auf das Herzogtum Warschau an und lässt Napoleon Ende 1810 wissen, er werde nach den verheerenden Auswirkungen der Kontinentalsperre auf den russischen Handel seine Häfen für die Schiffe neutraler Länder ab sofort wieder öffnen. Durch die Lücke, die nun entsteht, wird ein Aushungern der Briten praktisch unmöglich.

Als Napoleon am 15. August 1811 in Paris den russischen Gesandten Alexej Kurakin zu sich bestellt, eröffnet er ihm in einer dramatischen Szene: »Wie? Russland möchte das Herzogtum Warschau haben? Aber ich trete keinen Fußbreit Boden ab, gebe Polen niemals her! Niemals! Ich will den Krieg nicht. Aber Ihr Gebieter rüstet, und so muss auch ich rüsten … Wissen Sie, dass ich binnen zwei Jahren 600.000 Mann gegen Sie marschieren lassen kann?« Kurakin berichtet am 12. Januar 1812 dem Zaren, der Krieg sei »unzweifelhaft beschlossene Sache«. Darauf deutet auch der Allianzvertrag hin, den Napoleon am 14. März 1812 mit Preußen und Österreich schließt. Sie müssen ebenso wie Italien, Belgien, Holland, die Schweiz und die Rheinbundstaaten mit den deutschen Ländern Truppenkontingente stellen.

Eine gewaltige französische Propagandakampagne beginnt, das »barbarische« Russland zu verteufeln und von Europa und den »gemeinsamen Werten des Abendlandes« auszugrenzen. Er werde Europa hinter sich her schleifen, vertraut Napoleon seinem Intimfeind Joseph Fouché an. »Europa ist nichts als ein altes Weib, mit dem ich mit meinen 800.000 Mann machen kann, was ich will ... Ich habe meine Bestimmung noch nicht erfüllt, ich will beenden, was einst begonnen wurde. Wir brauchen eine einheitliche Münze, die gleichen Gewichte und Maße, wir brauchen dieselben Gesetze für ganz Europa. Aus allen Völkern will ich ein einheitliches Volk machen!«

Napoleons Träume scheinen sich zu erfüllen, die Machtausdehnung seines Reiches übertrifft nun selbst die Karls des Großen. Jetzt hofft Napoleon, durch einen »Blitzkrieg« in wenigen Monaten Russland besiegen und durch einen anschließenden »Alexanderzug« nach Indien, der wichtigsten Versorgungsbasis Englands, Herr der Welt werden zu können. Während Napoleon seinen Russlandfeldzug vorbereitet, verraten ihn seine beiden innenpolitischen Gegenspieler Fouché und Talleyrand. Sie geben alle geheimen Informationen sofort an Zar Alexander weiter, und der neue Sekretär der russischen Botschaft in Paris, Graf Karl Nesselrode, zahlt pünktlich an beide hohe Bestechungsgelder.

Wie stets vor seinen sorgfältig geplanten militärischen Unternehmungen befindet sich der »kleine Tiger« (Napoleon ist nur 1,51 Meter groß) in großer innerer Unruhe. Er ist besonders empfindlich und reizbar bis hin zu äußerster

Ungeduld und ungeheuren Wutanfällen, mit denen er seine nächste Umgebung rücksichtslos terrorisiert. Dann wieder weint er plötzlich und liest zum wiederholten Male Goethes »Werther«. Und er sieht wie immer vor wichtigen Entscheidungen »seinen Stern«, die Halluzination eines sternartigen Gebildes, das er über sich und vor sich in einiger Höhe zu erblicken meint. Im März 1812 hat er eine lange Unterredung mit seinem Vertrauten, dem Grafen Narbonne. »Gelingt es mir«, sagt er zu ihm, »auf das heilige Moskau einen entscheidenden Stoß zu führen, so ist mir sofort jene blinde Masse überliefert, der es an jeder Energie fehlt.« Er werde Russland zermalmen, bei all dem Hass, den er gegen England hege. »Und was die Weite des Raumes angeht, so eröffnen sich uns nur um so mehr Stationen des Sieges. Nein, ich fürchte durchaus nichts von diesem langen, steppenumsäumten Weg, an dessen Ende der Sieg und der Friede winken!«

Am 9. Mai 1812 verlässt Napoleon mit seiner Gemahlin Paris und reist nach Dresden, um sich dort noch einmal von der Schar versammelter europäischer Potentaten huldigen zu lassen. Er beordert Narbonne zu Zar Alexander nach Wilna, um ihn erneut aufzufordern, zum System der Kontinentalsperre zurückzukehren. Wenn er sich weigere, würde Frankreich »für 100 Jahre die Gefahr der Invasionen aus dem Osten bannen«. Der russische Zar lässt sich von diesen Drohungen nicht einschüchtern. Er sei zwar zu Verhandlungen bereit, lässt er den französischen Kaiser wissen, Voraussetzung dafür sei jedoch die sofortige Räumung Preußens durch die französischen Truppen. Napoleon schwillt die Zornesader. »Alexander will also den Krieg?«, schreit er Narbonne an. »Gut, er soll ihn haben!«

Die »Grande Armée« ist gut vorbereitet und bezieht ihre Bereitstellungsräume. Über 600.000 Mann, darunter 360.000 Franzosen, 50.000 Polen, 20.000 Italiener, 10.000 Schweizer, 30.000 Österreicher und 160.000 Deutsche, davon 110.000 Rheinlandtruppen und 20.000 preußische Soldaten unter dem Kommando von General Yorck von Wartenburg, sind zum Angriff auf das Russische Reich bereit. Allein die Infanterie umfasst rund eine halbe Million Soldaten, hinzu kommt die Kavallerie mit 530 Schwadronen und etwa 100.000 Reitern. Eine gewaltige Streitmacht, die 150.000 Reit- und Zugpferde mit sich führt sowie 1350 Geschütze. Das Kommando über den linken Flügel, wo auch die preußischen Truppen eingesetzt sind, hat Napoleon seinem bewährten Marschall Jacques MacDonald übertragen. Das Zentrum befehligt Napoleon selbst, hier marschieren auch die Bayern, Schwaben, Sachsen, Westfalen und die Soldaten der übrigen Rheinbundländer. Auf dem rechten Flügel steht das österreichische Hilfskorps unter dem Fürsten Schwarzenberg. Der »Grande Armée« gegenüber stehen drei russische Armeen mit etwa 200.000 Mann und 900 Geschützen. Auf dem Papier ist Napoleon bei Beginn des Krieges also etwa dreimal so stark, und es gibt nicht wenige Menschen in Europa, die abermals glänzende Siege und eine schnelle Kapitulation Russlands von ihm erwarten. Ernst Moritz Arndt jedoch, der deutsche Freiheitsdichter und Patriot, schreibt 1812 in seiner Flugschrift »Die Glocke der Stunde«: » Europa wird nicht untergehen, Russland wird nicht niedergetreten werden, Bonaparte wird … mit seinen Verbrechen und Gräueln vergehen!«

Napoleon bricht am 29. Mai 1812 von Dresden auf und begibt sich über Danzig und Königsberg an den Njemen.

In der Tagesproklamation vom 23. Juni 1812 versichert er seinen Truppen: »Russland ist fortgerissen von seinem Verhängnis. Seine Geschicke müssen sich erfüllen ... Vorwärts über den Njemen! Tragen wir den Krieg in sein Gebiet!« In den frühen Morgenstunden des 24. Juni 1812 überschreitet die »Grande Armée« ohne formelle Kriegserklärung auf drei breiten Pontonbrücken den Njemen. Als erste betritt die Division des Generals Morant russischen Boden, dann folgen in größter Ordnung und bester Disziplin in einem nicht enden wollenden Strom die anderen Divisionen, in geschlossenen Reihen und mit entfalteten Schlachtbannern. Vorneweg die Kommandeure auf wohlgenährten Pferden, dann folgen schweigend in gleichem Schritt und Tritt und mit blankem Bajonett die Soldaten in ihren goldbestickten Uniformen, darunter auch die berühmte Kaisergarde mit ihren weißen Mänteln und den hohen Tschakos auf den Köpfen, und – hoch zu Pferde und mit wehenden Umhängen – die Kürassiere und Dragoner der Kavallerie des Marschalls Murat. Den ganzen Tag lang, die Nacht hindurch und dann noch einen weiteren Tag marschieren die Regimenter über die Brücken des Njemen. Erst am Abend des 26. Juni ist der Flussübergang abgeschlossen, bis auf einige, von weither kommende Einheiten, die im Laufe der Woche nachfolgen und in Eilmärschen die Armee einholen.

In einer Flussbiegung des Njemen, gegenüber dem Dorfe Ponemonj nahe Kowno, wo die Hauptkräfte auf der größten der drei Brücken über den Fluss gehen, sitzt Napoleon auf seinem Schimmel und verfolgt aufmerksam die Invasionsvorbereitungen. Um nicht aufzufallen, hat er eine fremde Uniform angezogen. Um die Mittagszeit des

23. Juni reitet er am Ufer des Njemen entlang, seine Adjutanten bleiben in respektvoller Entfernung hinter ihm. Plötzlich fällt der Kaiser aus dem Sattel. Der Länge nach liegt er im Gras, zwar unverletzt, aber kreidebleich. Sein Pferd hat vor einem in den Weg springenden Hasen gescheut und den Reiter abgeworfen. Ein herbeieilender Offizier sagt zu einigen Soldaten so laut, dass Napoleon es hören kann: »Ein schlechtes Vorzeichen! Die Römer würden den Fluss nicht überschritten haben!« Der abergläubische Korse blickt finster drein und ist verstimmt. Der Vorfall beschäftigt ihn noch tagelang.

Napoleon ist dennoch davon überzeugt, dass der Feldzug gegen Russland nur von kurzer Dauer sein wird. Zunächst sieht tatsächlich alles nach einem »Blitzkrieg« aus. In Eilmärschen und ohne auf Widerstand zu stoßen, erreicht die Armee in nur drei Tagen Wilna und zieht am 28. Juni in die litauische Hauptstadt ein. Aber dann bleibt Napoleon mit seinen Soldaten ganze 18 Tage und Nächte in dieser Stadt und verschenkt alle Vorteile eines schnellen Vorrückens. Das Korps des Marschalls Davout dringt zwar bis Minsk vor, aber die Truppen Marschall Jeromes bleiben ebenso zurück wie die Hauptkräfte mit dem Kaiser selbst. Bis heute sind sich die Historiker nicht ganz einig darüber, welche Gründe zu dieser fragwürdigen Verzögerung geführt haben. Vielleicht waren sie politischer Natur. Denn Napoleon weiß, dass es in St. Petersburg eine einflussreiche Kompromisspartei unter Führung des Großfürsten Konstantin gibt, die den Krieg nicht will und nachdrücklich für sofortige Verhandlungen eintritt. Möglicherweise rührt sich Napoleon deshalb so lange nicht von der Stelle, weil er hofft, der Zar werde, eingeschüchtert von dem gewaltigen

Aufmarsch der »Grande Armée«, einlenken und zu schnellen Friedensverhandlungen bereit sein.

Doch Zar Alexander hat seit Kurzem einen neuen Chefberater, und der ist ganz und gar dagegen. Es ist der deutsche Reichsfreiherr Karl vom und zum Stein, bis 1808 leitender Minister in Preußen und einer der schärfsten Gegner Napoleons. Auf Betreiben Napoleons aus Preußen verbannt, hat er am Zarenhof Zuflucht gefunden. Nun stärkt er Alexander mit Mut und Zuversicht. In dem patriotischen Aufruf des Zaren an sein Volk ist zweifellos die Handschrift seines preußischen Beraters zu erkennen: »Krieger! Ihr verteidigt den Glauben, das Vaterland und die Freiheit!« Damit wird dieser Krieg für alle Russen ein gerechter Volkskrieg gegen den Aggressor und Eroberer, ein wahrhaft »vaterländischer Krieg«.

Alexander schickt seinen Generaladjutanten Balaschew mit der Botschaft ins französische Hauptquartier nach Wilna, er sei nur dann zu Verhandlungen bereit, wenn die Franzosen sich unverzüglich aus russischem Gebiet zurückzögen. Napoleon ist enttäuscht und muss erkennen, dass er die Lage falsch eingeschätzt hat. Verärgert fordert er, wenn der Zar sich nicht umgehend von dem Freiherrn vom und zum Stein trenne, der »ein schlechter Mensch und aus dem Vaterland verbannt« sei, werde er alle mit dem Zaren verwandten deutschen Fürsten (von Baden, Weimar und Württemberg) absetzen. Als er Balaschew am Ende des Gesprächs fragt, welcher Weg nach Moskau führe, antwortet dieser schlagfertig: »Ebenso viele wie nach Rom! Karl XII. wollte dorthin – über Poltawa.« Diese Anspielung auf die vernichtende Niederlage des Schwedenkönigs am 8. Juli 1709 bei Poltawa in der Ukraine durch das russische Heer Zar Peters I. missfällt Napoleon in hohem Maße, führt aber nicht dazu, sein Vorhaben noch einmal zu überdenken.

Ein weiterer Grund für Napoleons fast dreiwöchiges Verharren in Wilna ist wohl auch darin zu sehen, dass er seltsamerweise keinen exakt durchgearbeiteten und klar formulierten strategischen Plan für die weiteren Kriegshandlungen besitzt. Wo sie stattfinden sollen, wohin genau und wie weit die »Grande Armée« vorrücken soll, ist nicht festgelegt. In keinem offiziellen Dokument des französischen Oberkommandos lassen sich bei Kriegsbeginn irgendwelche Hinweise auf Moskau finden, was dafür spricht, dass Napoleon ursprünglich gar nicht die Absicht hat, weit in die Tiefen des Russischen Reiches vorzudringen. Sein Plan besteht zunächst nur darin, den Russen schon in den ersten Tagen des Krieges, möglichst noch nahe der Grenze, eine Entscheidungsschlacht aufzuzwingen, in der die russischen Streitkräfte vernichtet und jeder weitere Widerstand gebrochen werden soll. Doch dazu kommt es nicht. Es gelingt Napoleon nicht, den Gegner zu fassen, die russischen Armeen weichen planmäßig in die Weite des Raumes aus. Die 1. russische Armee Barclay de Tollys zieht sich aus ihrem ursprünglichen Aufstellungsraum Kowno-Wilna in meisterhaft durchgeführten Bewegungen ins Landesinnere zurück, und die 2. Armee Bagrations gibt ebenso geschickt und ohne ein einziges Gefecht ihre Stellungen zwischen Njemen und Bug auf und setzt sich nach Osten ab. Der Köder ist gelegt. Wie wird der Usurpator darauf reagieren?

Am 16. Juli 1812 verlässt die Hauptmasse der französischen Armee unter Führung Napoleons Wilna und stößt in Eilmärschen, als wolle sie die verlorene Zeit wieder einholen, Richtung Osten auf Witebsk vor. Die Soldaten marschieren auf schmalen Wegen durch endlose Wälder, und wenn sie in ein Dorf kommen, ist es ebenso menschenleer wie das ganze Land ringsum. Die Bewohner haben ihren Platz verlassen und alles vernichtet, was dem Feind hätte in die Hände fallen können. Brücken sind zerstört, Nahrungsmittel entfernt und das Vieh ist fortgetrieben. Der Krieg verläuft ganz anders, als ihn sich Napoleon vorgestellt hat. Ihm wird bewusst, dass nicht er es ist, der dem Feinde seinen Willen aufzwingt und den Verlauf und den Charakter des Krieges bestimmt. Besorgt stellt er fest, dass seine Armee immer mehr zusammenschmilzt, obwohl es noch nicht ein einziges ernsthaftes Gefecht gegeben hat. Viele junge Rekruten halten die Strapazen der endlosen Märsche nicht aus und sterben an Entkräftung und Krankheiten, die Ruhr wird zum ständigen Begleiter. Die Soldaten haben nichts zu essen, sie beginnen zu plündern, zu marodieren und zu desertieren. Die Disziplin in der zusammengewürfelten Armee sinkt rapide. Die Pferde fressen das Stroh von den Dächern und brechen reihenweise tot zusammen, so dass selbst Napoleon streckenweise zu Fuß marschieren muss. Von den 225.000 Mann der Hauptarmee, die über den Njemen gegangen war, kommen nur noch 150.000 in Witebsk an.

Gequält von Zweifeln, wozu er sich entschließen soll, bleibt Napoleon hier erneut über zwei Wochen stehen. Erst nach langem Zögern entschließt er sich, weiter vorzurücken und den russischen Armeen zu folgen, trotz der Warnungen einiger seiner Marschälle, sich nicht noch weiter ins Landesinnere locken zu lassen. Am 15. August 1812 sieht es so aus, als würde es tatsächlich gelingen, den Gegner bei

Smolensk zu stellen und in einer Entscheidungsschlacht zu vernichten. In den folgenden beiden Tagen fechten etwa 150.000 Mann der »Grande Armée« gegen 120.000 Russen. Doch die erhoffte Entscheidung bleibt aus. Zwei russische Korps wehren heldenhaft den französischen Ansturm ab und decken damit den weiteren Rückzug der Hauptkräfte nach Osten. Napoleon verliert über 20.000 Mann an Toten und Verwundeten. Als er in Smolensk einzieht, findet er nur Ruinen, menschenleere, verödete Straßen und leere Lebensmittelmagazine vor. Seinen erschöpften, todmüden und von der russischen Taktik der »verbrannten Erde« überraschten Soldaten nennt er ein neues Ziel: Moskau! Das verleiht ihnen neuen Mut, dort werden sie siegreich einziehen, sich in schönen, bequemen Quartieren erholen und in der großen Stadt überwintern. Dann wird der Krieg entschieden sein, und bald werden sie wieder zu Hause sein, als glorreiche Sieger!

Beim weiteren Vormarsch treffen Napoleons Truppen am 5. September 1812 in einer Stärke von etwa 120.000 Mann und 640 Geschützen 124 Kilometer westlich von Moskau bei dem Dorf Borodino auf die russische Armee. Die nationalrussischen Kreise am Zarenhofe haben Alexander gehörig unter Druck gesetzt und von ihm verlangt, mit den ständigen Rückzugsbewegungen aufzuhören und sich zur Verteidigung Moskaus endlich zur Schlacht zu stellen. Marschall Barclay de Tolly wird seines Kommandos enthoben, neuer Oberbefehlshaber ist der einäugige, erfahrene und weise Marschall Michail Kutusow. Mit 100.000 Soldaten und 640 Geschützen stellt er sich im unübersichtlichen, hügeligen, stark bewaldeten und von Schluchten durchzogenen Gelände von Borodino Napoleon entgegen, der in einem Brief vom 9. September 1812 an den österreichischen Kaiser Franz I. (1768–1835) übertreibend schreibt, die Stärke der russischen Armee habe zwischen 120.000 und 130.000 Mann gelegen.

Die Schlacht von Borodino beginnt am 7. September 1812 frühmorgens um 5.30 Uhr, als Napoleon seiner Artillerie befiehlt, das Feuer zu eröffnen. Von allen Schlachten Napoleons ist sie die bis dahin blutigste und erbittertste mit riesigen Verlusten auf beiden Seiten, darunter auch eine Reihe von Generälen. So verlieren die Russen unter anderem ihren ruhmreichen General Bagration. Nach dem entsetzlichen Gemetzel, das Leo Tolstoi in seinem berühmten Roman »Krieg und Frieden« eindringlich und ausführlich beschreibt, wähnen sich beide Seiten als Sieger. Napoleon behauptet in seinen Aufzeichnungen, die er während seiner späteren Verbannung auf St. Helena, nicht immer wahrheitsgetreu, verfasst, Kutusow hätte eine ausgezeichnete Stellung inne gehabt und sie sehr klug besetzt. »Er hatte alle Vorteile für sich: Überlegenheit der Infanterie, Kavallerie und Artillerie, vortreffliche Stellungen, mehrere Verschanzungen. Er wurde geschlagen! Unerschrockene Helden, Murat, Ney, Poniatowski, euch gehört dieser Ruhm!« Auch für Tolstoi ist Napoleon der »glänzende Sieger«. Zweifel daran seien nicht erlaubt, »da ja die Franzosen Herren des Schlachtfeldes bleiben«. Die Wahrheit ist: Die Verluste der Russen sind mit 45.000 Mann zwar fast doppelt so hoch wie die Napoleons, aber das entscheidende Übergewicht in der Schlacht erringt keine der beiden Seiten, so dass man durchaus von einem Unentschieden sprechen kann. Da es Kutusow gelingt, sich mit den etwa 50.000 Mann, die noch am Leben sind, vom Schlachtfeld zurückzuziehen, und

Napoleon sein Ziel, die Armee zu vernichten, nicht erreicht, kann man die Russen auch als moralischen Sieger ansehen. Napoleon ist während der Schlacht nicht in bester körperlicher Verfassung. Eine schwere Erkältung plagt ihn, er hat Fieber sowie starken Husten und bekommt nur sehr schwer Luft. Mit Schmerzen und geschwollenen Beinen sitzt er zusammengekrümmt und ohne Elan und Schwung auf seinem Pferd und verhindert durch seinen Befehl vom 7. September, dass seine Soldaten die sich absetzenden Russen sofort verfolgen. Aber immerhin ist nun das Tor nach Moskau aufgestoßen.

Kutusows Restarmee erreicht am 13. September 1812 Moskau, richtet sich dort aber nicht zur Verteidigung ein, sondern marschiert nur hindurch, weiter nach Osten. Viele Tausend Moskauer blicken ihr voller Kummer und Sorgen nach. Denn Kutusow hat beschlossen, ohne die Zustimmung des Zaren einzuholen, die Stadt kampflos aufzugeben, wofür er später die volle Verantwortung übernimmt. Die Hauptsache ist für ihn die Erhaltung der Armee. Napoleon ist ihr dicht auf den Fersen. Nur einen Tag später, am 14. September 1812, zieht er, mit dem Reitergeneral Murat an der Spitze, in gehobener Stimmung in Moskau ein. Die Divisionen marschieren, Regiment für Regiment, durch das Dorogomilow-Tor über den Arbat zum Kreml. Als Napoleon vom Poklonaja-Berg herab auf das »heilige Moskau« blickt, ist er stolz und glücklich. Lange schaut er, in sich versunken, auf die Kuppeln des Kreml und seine weiße Mauer und sagt dann zu seinen hinter ihm stehenden Generälen: »La voilà, donc enfin cette fameuse ville! Il était temps!« – »Da ist sie endlich, diese großartige Stadt! Es wurde auch Zeit!«

Doch das Gefühl des Glücks und des Sieges ist schnell verflogen. Denn die Stadt ist menschenleer. Nicht nur Kutusows Soldaten, sondern auch die Bewohner haben sie verlassen. Am Abend des 14. September brechen überall Brände aus, die in der Nacht in Windeseile auf alle neuen und alten Stadtteile übergreifen. Das hölzerne Moskau brennt eine ganze Woche lang. Der Kreml ist von Feuersbrünsten eingeschlossen, und Napoleon muss voller Entsetzen in das Peterspalais übersiedeln. In einem Brief vom 20. September 1812, der zeigt, wie sehr ihn die von den Russen angewandte Strategie überrascht und getroffen hat, schreibt Napoleon an Zar Alexander: » Die schöne und prächtige Stadt Moskau besteht nicht mehr. Fjodor Rostopschin (russischer General und Gouverneur Moskaus) hat sie verbrennen lassen! 400 Brandstifter sind auf frischer Tat ertappt worden. Alle haben erklärt, dass sie auf Befehl dieses Statthalters und Polizeidirektors Feuer anlegten. Sie sind erschossen worden. Drei Viertel der Häuser sind verbrannt ... Die Feuerspritzen der Stadt Moskau waren unbrauchbar gemacht oder weggeführt worden ... Diese Handlungsweise ist grauenhaft und zwecklos ... Ich halte es für unmöglich, dass Sie die Leute zu solchen Schändlichkeiten ermächtigt haben, sie sind eines großen Fürsten und einer großen Nation unwürdig!«

Von den 25.000 verwundeten Russen und Franzosen, die in den Lazaretten liegen, kommen 20.000 in den Flammen um. Während seine Soldaten Moskau hemmungslos plündern, reitet Napoleon durch die Straßen, redet freundlich mit den Einwohnern, die noch da oder wieder in die Stadt zurückgekehrt sind, besucht die auf seinen Befehl eingerichteten Theater und fast täglich stattfindenden Revuen, verleiht Orden und Ehrenzeichen und nimmt Beförderungen vor. Aber anders als erwartet kann er den Sieg über Russland nicht feiern. Er wollte von Moskau aus den Frieden diktieren, aber nun sind alle seine Pläne zuschanden geworden. Er sendet Friedensbotschaften an Alexander, doch Kutusow fängt die Unterhändler ab. Der russische Feldherr will die französische Armee so lange hinhalten, bis der Winter hereinbricht. Der Krieg geht weiter, das wird Napoleon nun klar. Er trifft Maßnahmen zur Befestigung des Kremls, will deswegen die Wassilij-Kathedrale sprengen und entwirft einen Plan für einen weiteren Feldzug durch ganz Russland, den Tolstoi »genial« nennt. Wohin soll er sich nun wenden? Nach Petersburg? Nach Kasan oder gar Sibirien? Die Gedanken quälen ihn, er schläft nur sehr wenig, hat Magenkrämpfe und Darmbeschwerden, die von seinem Hämorrhoidalleiden herrühren, und kann sich zu keiner Entscheidung durchringen. Napoleon bleibt mit seiner Armee 35 Tage in Moskau, viel zu lange, wie er später bekannt hat. »Ich hätte in Moskau sterben sollen«, sagt er am Ende seines Lebens auf St. Helena zu General Gourgaud. Seine Hoffnung, die Armee würde sich in diesen fünf Wochen in Moskau von den langen Märschen erholen, erfüllt sich nicht. Sie verfällt im Gegenteil immer mehr, ist demoralisiert und büßt von Tag zu Tag an Kampfkraft ein. Als Napoleon am 19. Oktober 1812 endlich den Befehl zum Rückzug erteilt, sind von den Soldaten, die von der »Grande Armée« noch übrig geblieben waren, allenfalls 100.000 kampffähig. Die russische Armee bricht mit 100.000 Mann sofort zur Verfolgung auf. Dem in Moskau zurückgebliebenen Herzog Mortier von Treviso befiehlt Napoleon, den Kreml zu sprengen. Dazu kommt es aber nicht mehr, da der Herzog am 23. Oktober aus der Stadt fliehen muss.

Bei Malojaroslawez verlegt Kutusow am 24. Oktober 1812 den französischen Soldaten den Weg. Sie erleiden hohe Verluste. Im Morgengrauen des 25. Oktober reitet Napoleon mit seinen Generälen Berthier, Caulaincourt und Rapp aus, um die Stellungen der Russen zu erkunden. Plötzlich sehen sie sich einer Kosakenpatrouille gegenüber und erwarten mit gezogenen Säbeln kaltblütig das Schicksal ihrer Gefangennahme oder ihres Todes. Im letzten Augenblick rettet sie eine heransprengende Kavallerieschwadron aus ihrer bedrohlichen Lage. Dieses Ereignis nimmt Napoleon zum Anlass, sich von seinem Arzt ein Gift geben zu lassen, das er von nun an – genau wie einst Friedrich der Große im Siebenjährigen Krieg – in einem schwarzseidenen Beutel um den Hals trägt.

Am 4. November 1812 fällt der erste Schnee. Ein schneidender Wind, Hunger und Krankheiten sowie fortwährende kleine Gefechte mit russischen Partisanen, die von allen Seiten über die erschöpften französischen Marschkolonnen herfallen, machen aus einem geordneten Rückzug eine heillose Flucht. Die Soldaten in ihren durchgelaufenen Stiefeln haben weder Brennholz noch Licht, und wenn sie nachts schlafen, erfrieren sie. Die Artilleristen halten ihre Hände an die Nüstern der Pferde, um den warmen Atem der Tiere zu fühlen. Aber auch die Pferde verenden zu Tausenden, die Armee lebt von Pferdefleisch. Als die Reste der Armee den Dnjepr erreichen, sind höchstens noch 20.000 Mann kampffähig. Der württembergische Leutnant von Martens berichtet darüber: »Eine Notbrücke brachte uns über den Dnjepr. Gegen Abend fuhr die Wagenburg beim Dorfe Pnewa auf ... Die Verwundeten lagen gleich eingeschneiten Toten auf den russischen Wägelchen ... Dann zogen wir stumm über die weite Schneefläche hin. Wir kamen am Schlachtfeld von Smolensk vorbei, aber tiefer Schnee deckte die Tausenden zu, welche hier gefallen waren ... Niemand befahl, niemand gehorchte mehr, die Truppen der verschiedenen Nationen mengten sich durcheinander ... Wagen und Geschütze blieben stehen und die gefallenen Pferde standen nicht mehr auf.« Viele Mannschaften und Offiziere schießen sich, wie General Marbot in seinen Memoiren schreibt, eine Kugel in den Kopf, um ihrem Leiden ein Ende zu machen. Der russische General Paul Tschitschagow verfasst einen Steckbrief auf Napoleon und lässt ihn unter seinen Soldaten verteilen: »Die napoleonische Armee ist auf der Flucht. Der Urheber des Elends in Europa mit ihr. Wir befinden uns auf seiner Rückzugsstraße ... Ich wünsche daher, dass die Personalbeschreibung dieses Mannes jedem bekannt werde: Er ist von kleinem Wuchse, wohlbeleibt, von blasser Gesichtsfarbe, hat einen kurzen, starken Hals, großen Kopf und schwarze Haare. Ich halte es infolgedessen künftig für notwendig, alle Gefangenen, die klein von Statur sind, mir vorzuführen.«

Beim Übergang über die Beresina kommt es am 26. November 1812 zur endgültigen Katastrophe. In dreitägigen blutigen Kämpfen retten sich die letzten Trümmer der »Grande Armée«, begleitet von eisigen Schneestürmen, über den Fluss, aber Napoleons Armee hat praktisch aufgehört zu existieren. Am 5. Dezember 1812 verlässt Napoleon, nachdem er Marschall Murat den Oberbefehl übertragen hat, lediglich begleitet von Caulaincourt, seinem Mameluken Rustan und zwei sächsischen Kürassieren, zunächst in einer Kalesche, dann in einem Schlitten seine Soldaten, um sich, in einen schweren polnischen Bärenpelz und eine rote Fuchsfellmütze gehüllt, inkognito in rasender Eile quer durch Polen und Deutschland zurück nach Paris zu begeben. »Bei Morgengrauen des nächsten Tages wusste die Armee alles«, schreibt ein Offizier an seine Familie. »Viele Soldaten verfluchten den Kaiser, weil er sie verlassen hatte.« Am 16. Dezember wird in dem völlig unvorbereiteten Paris Napoleons 29. Heeresbericht veröffentlicht mit der Bekanntgabe der Vernichtung der »Grande Armée« und dem mitleidlosen, provokanten Schlusssatz: »Die Gesundheit seiner Majestät war nie besser.«

Napoleon kommt in der Nacht des 18. Dezember 1812 in Paris an und betritt unrasiert und in einen Zobelmantel gehüllt die Tuilerien durch eine Hintertür. Als er bereits am nächsten Morgen seine Minister empfängt, erklärt er ihnen: »Ja, meine Herren, das Glück hat mich verblendet! Ich habe mich von ihm hinreißen lassen … Ich habe einen großen Fehler gemacht! Aber ich habe die Mittel, ihn wiedergutzumachen.« Vier Tage später, am 23. Dezember 1812, wanken von der vor einem halben Jahr noch über 600.000 Mann zählenden Armee nur noch knapp 40.000 Soldaten mit restlichen 47 Geschützen, in Lumpen und Flicken und auf Krücken und Stöcke gestützt, über den Njemen und die deutsche Grenze zurück in die Heimat. Allenfalls 3500 Mann sind noch einsatzfähig. Von den rund 110.000 deutschen Soldaten blieben etwa 90 Prozent in den Weiten Russlands zurück. In Preußen und den anderen deutschen Ländern schwankt die Stimmung der Bevölkerung zwischen Mitleid und Hass. Die meisten Menschen glauben, ein Gottesgericht habe den übermütigen französischen Kaiser zu Fall gebracht. Es kommt zu keinerlei Übergriffen auf die Franzosen. Aber die unerwartete, totale Niederlage Napoleons ist vor allem in Preußen das Signal zum Befreiungskampf der Jahre 1813 bis 1815 gegen die französischen Besatzer.

Auch in Russland, das sich langsam von den Folgen des Krieges und der Wirtschaftsblockade erholt, sind derartige Tendenzen erkennbar. Am 25. März 1813 erscheint in Kalisch ein Manifest, das die Völker aufruft, für Freiheit und Unabhängigkeit zu kämpfen. Zar Alexander ist besorgt, dass das Volk auch in seinem Land in der Befreiungsbewegung eine stetig wachsende Bedeutung erlangen könnte und vor allem die leibeigenen Bauern den Gehorsam verweigern werden. Deshalb ist er, genau wie die anderen Herrscher des feudalen Europa, zunächst bereit, mit Napoleon einen Kompromiss zu schließen. Der Frieden scheint möglich. Doch der französische Kaiser, dessen Blick schon wieder in die Zukunft und auf eine glänzende militärische Revanche gerichtet ist, will keinerlei Zugeständnisse machen. Im Frühjahr 1813 verfügt er in Frankreich aufgrund vorzeitiger Rekrutenaushebungen bereits wieder über eine neue Armee von 500.000 zumeist halbwüchsigen Soldaten. Erneut marschieren ganze Divisionen, die innerhalb weniger Wochen wie Pilze aus dem Boden geschossen sind, Richtung Osten und nach Deutschland hinein. Nun muss Napoleon gegen ganz Europa kämpfen, gegen die Armeen der sechsten Koalition. Und gegen die Völker der von ihm unterjochten Staaten, die sich, allen voran Preußen, zum großen patriotischen Befreiungskampf erhoben haben. Auf deutschem Boden wird es vom 16. bis 18. Oktober 1813 zur entscheidenden Auseinandersetzung bei Leipzig kommen, der berühmten »Völkerschlacht«, in der die vereinten Armeen Preußens, Russlands und Österreichs einen blutigen, teuer erkämpften Sieg erringen. Aber das ist eine andere Geschichte.

Die vergebene Chance

Marne, September 1914

Für Frankreich ist die Marne etwas Besonderes, sie ist sein Schicksalsfluss. Im Ersten Weltkrieg wird an ihren Ufern aus einer sich abzeichnenden französischen Niederlage, die vielleicht den Verlust von Paris und des ganzen Krieges bedeutet hätte, ein überraschender Sieg. Seitdem sprechen die Franzosen vom »Wunder an der Marne«, die Deutschen von der »unseligen Marne«, ein Adjektiv, das so gar nicht zu der friedfertigen und reizvollen, weinseligen Landschaft passt, durch die sie fließt: der Champagne. An ihren Abhängen wachsen die schweren, schwarzen Trauben, aus denen in den Keltereien des Departements der berühmte Champagner gemacht wird. Wie konnte es zu diesem »Wunder« kommen, einem dramatischen Ereignis, das in der gesamten Kriegsgeschichte ohne Beispiel ist? Einem Geschehen, das die Griechen Peripetie nennen, Wendung des Schicksals?

Nach der am 3. August 1914 erfolgten Kriegserklärung an Frankreich ziehen überall in den deutschen Städten singende und jubelnde Menschen durch die Straßen. Aus Tausenden Kehlen erklingt »Es braust ein Ruf wie Donnerhall …«. Die »Wacht am Rhein« wird zur Melodie der Nation. Schaufensterscheiben von ausländischen Geschäften gehen zu Bruch, Ausländer werden verprügelt, und in den Gaststätten verschwinden französische Namen wie »à la carte« oder »Menue« von den Speisekarten. Auch in den französischen Städten singt man begeistert die »Marseillaise«. In den Boulevards rufen sich die Pariser zu: »À Berlin, à Berlin!« Auch hier werden die Scheiben von Geschäften mit deutsch klingenden Namen eingeschlagen. Das Mobiliar des Restaurants Pschorrbräu wird kurz und klein gehauen und auf die Straße geworfen. In London sagt der britische Außenminister Grey nach der Kriegserklärung ergriffen: »In diesem Augenblick gehen in ganz Europa die Lichter aus!« Tag und Nacht rollen in dichter Folge Transportfahrzeuge an die Front. Die deutschen Soldaten sind voller Siegeszuversicht. Sie singen Hasslieder auf den Feind und schreiben mit Kreide auf die Viehwaggons: »Jeder Stoß ein Franzos', jeder Schuss ein Russ', jeder Tritt ein Brit'!« Sie sind sich sicher: Wir haben die beste Armee der Welt, und wir haben einen genialen Angriffsplan! Der preußische Feldmarschall Alfred Graf von Schlieffen hat ihn entwickelt. Die Masse der deutschen Armee soll im Westen, wo der Schwerpunkt des Krieges liegt, vorwärts stürmen, wie ein gewaltiger Keil durch das neutrale Belgien tief nach Frankreich hineinstoßen, über die Seine hinaus, dann hinter Paris nach Osten eindrehen, in einem großen Schwenk die französische Hauptstadt umfassen und die eingekesselten alliierten Truppen vernichten. Dieser rechte Flügel soll dem Feind den Todesstoß versetzen. Noch 1913 auf dem Sterbebett soll Schlieffen beschwörend gesagt haben: »Macht mir den rechten Flügel stark!« Der britische Historiker Liddell Hart nennt den Schlieffenplan einen »Entwurf von napoleonischer Kühnheit«. Er vergleicht ihn mit einer Drehtür: »Je stärker die Franzosen bei ihrer ersten Offensive vorandrängten, mit desto größerem Schwung würde die Tür auf der anderen Seite herumschwingen und sie im Rücken treffen.«

Schlieffens Nachfolger als Generalstabschef, Helmuth von Moltke (1848–1916), der Neffe des großen Moltke der Jahre 1870/71, ist der ganze groß angelegte Plan viel zu risikoreich. Nach Schlieffen sollen nur 200.000 Mann in Elsass-Lothringen zur Verteidigung bleiben. Er will die Franzosen notfalls bis nach Bayern hinein marschieren lassen, wenn nur die große Umfassungsschlacht vor Paris gelingt und die Franzosen in die Falle gehen. Sieben Achtel der gesamten Streitkräfte sollen auf dem rechten Flügel massiert sein. Der ängstliche Moltke, der seit 1910 an einer zunehmenden Arterienverkalkung leidet, ist von Natur aus ein Pessimist, ein Schwarzseher. Er verwässert den ganzen Plan. Die Bedrohung durch die Russen im Osten schätzt er viel stärker ein, als sie zu Beginn des Krieges tatsächlich ist. Er nimmt zwei kampfstarke Korps vom rechten Flügel und schickt sie an die Ostfront. Außerdem stellt er in Elsass-Lothringen 450.000 Mann auf. Am Ende ist das Verhältnis zwischen seinem linken und rechten Flügel nicht mehr 1:7, wie von Schlieffen geplant, sondern nur noch 1:3. Und auch auf den Durchmarsch durch die Niederlande, den Schlieffen unbekümmert gefordert hatte, verzichtet Moltke aus moralischen Gründen. Der französische Generalstabschef und Oberkommandierende, General Joseph Joffre (1852 bis 1931), sagt später über ihn: »Die Deutschen hatten ihre Schnellzuglokomotive einem Postkutscher anvertraut.«

Zunächst verläuft auf deutscher Seite alles nach Plan. Drei deutsche Armeen stürmen durch Belgien und Luxemburg und setzen zum Umfassungsangriff an. Bei Brüssel schwenkt die 1. Armee, geführt von Generaloberst Alexander von Kluck (1846-1934), am äußersten rechten Flügel wie vorgesehen nach Süden ein und geht in Gewaltmärschen zwischen Amiens und St. Quentin über die Somme. In ihren Uniformen, deren feldgraues Einerlei nur durch die rote Regimentsnummer auf der Vorderseite der Helme durchbrochen wird, marschieren die deutschen Grenadiere unentwegt vorwärts, in riesigen Scharen, diszipliniert, geordnet und im Vertrauen auf ihre Überlegenheit. Unter einer brennend heißen Augustsonne singen sie im Gleichschritt mit rauer Stimme: »Siegreich woll'n wir Frankreich schlagen, sterben als tapf'rer Held.« Einer von ihnen schreibt später: »Der Krieg war uns wie Wein zu Kopf gestiegen. Kein schönerer Tod ist auf der Welt … Alles, nur nicht zu Hause bleiben.«

Wie erhofft, laufen General Joffres Armeen den Deutschen direkt in die Arme. Sie stoßen nach Belgien und Nordfrankreich hinein und greifen unter schweren Verlusten mit 450.000 Soldaten in Lothringen und mit 360.000 in den Ardennen an. Dem etwa 100.000 Mann starken britischen Expeditionskorps unter Feldmarschall Sir John French gelingt es am 23. August, die Deutschen einige Zeit lang bei Mons aufzuhalten. Sie sind von der Heftigkeit des alliierten Widerstandes überrascht. Der deutsche Vormarsch verlangsamt sich, der Zeitplan kann nicht mehr eingehalten werden. Doch die Armeen dringen weiter vor. Links neben Klucks 1. Armee erreicht die 2. Armee unter Generaloberst Karl von Bülow (1846–1921), einem glänzenden Taktiker, Lüttich und Charleroi und schwenkt ebenfalls nach Süden Richtung Laon ein. Links von ihr dreht die zunächst gegen Dinant gewendete 3. Armee unter Generaloberst Max von Hausen Richtung Reims. Noch weiter links geht die von Herzog Albrecht von Württemberg geführte 4. Armee bei Sedan über die Maas, während die

5. Armee unter Kronprinz Wilhelm an der Festung Verdun vorbei ebenfalls nach Süden eindreht. Am 25. August meint der Chef der Operationsabteilung der Obersten Heeresleitung, Oberstleutnant Tappen, ein trockener, starrsinniger Ostfriese, in sechs Wochen sei die »ganze Geschichte« erledigt. Am 28. August ist das Tor nach Nordfrankreich in der Tat weit aufgestoßen. Die Franzosen werden auf breiter Front auf die Marne zurückgeworfen.

Wäre es nach Schlieffen gegangen, hätte Klucks 1. Armee nun im Rücken von Paris westlich der Stadt vorbeistoßen müssen. Aber nach Moltkes Änderungen ist der lang ausgestreckte rechte Arm dafür zu schwach. Der hochgewachsene Kluck mit dem glatt rasierten, von Pockennarben gezeichneten Gesicht und dem festen, furchteinflößenden Blick ist der wohl beste und fähigste General an der Westfront. Am 30. August 1914 steht er vor einer schwierigen Entscheidung. In heftigen Kämpfen hat seine Armee den Feind Richtung Marne vor sich hergetrieben. Nun will er den fliehenden alliierten Truppen keine Zeit zum Atemholen lassen. Meldungen über die Richtung, in der sie sich zurückziehen, bestärken ihn in der Annahme, dass sich die französische Front nicht so weit nach Westen erstreckt, wie der Generalstab vermutet hat. In Übereinstimmung mit General Hermann von Kuhl, dem Chef seines Stabes, einem hervorragenden Schüler Schlieffens, gelangt Kluck zu der festen Überzeugung, dass er in energischem Zupacken die Front sofort nördlich von Paris aufrollen und sich damit ein weites Ausgreifen seiner geschwächten und dezimierten Einheiten westlich und südlich der Stadt ersparen kann. Das erfordert allerdings eine Schwenkung des Vormarsches aus exakt südlicher in südöstliche Richtung. Mit einem solchen Manöver würde die 1. Armee zugleich die Lücke schließen, die in den letzten Tagen zwischen ihr und Bülows angrenzender 2. Armee immer größer geworden ist. Statt den Kanal mit dem Ärmel zu streifen, will Kluck in direkter Verfolgung General Lanrezacs französischer Armee an Paris auf der inneren, östlichen Seite vorbeistoßen. Nachdem er durch einen abgefangenen Brief auch davon erfahren hat, dass sich die Engländer von der Front absetzen und über die Seine zurückziehen wollen, entschließt sich Kluck, diese Schwenkung nach Südosten zu vollziehen.

Den letzten Ausschlag dafür gibt ein Ersuchen General von Bülows, das am 30. August gegen 18.30 Uhr bei der 1. Armee eintrifft. Bülow bittet Kluck, unverzüglich eine Schwenkung nach innen vorzunehmen, um ihm »zur völligen Ausbeutung des Erfolges« zu verhelfen, den Bülow über die 5. französische Armee errungen hat. Vielleicht hat für Klucks Entschluss auch seine Verärgerung darüber eine Rolle gespielt, dass ihm Moltke für seinen weiteren Vorstoß keine Verstärkung vom linken Flügel zukommen ließ, was in Schlieffens Plan durchaus vorgesehen war. Stattdessen musste Kluck sogar zwei kampfstarke Korps fur die Ostfront abstellen. Sie fehlen ihm jetzt beim Vormarsch auf die Marne. Als er die Oberste Heeresleitung über seine bereits eingeleitete Schwenkung informiert, gibt Moltke noch in der Nacht seine Zustimmung. »Die von der 1. Armee eingeleiteten Bewegungen entsprechen den Absichten der Obersten Heeresleitung«, heißt es kurz und knapp in dem Funkspruch, der am 31. August um 2.30 Uhr früh bei der 1. Armee eintrifft. Moltke beunruhigt die immer weiter auseinander klaffende Lücke zwischen den Armeen. Außerdem würde Klucks ursprünglich westlich von Paris vorgesehene Umfassung die Front nochmals um mindestens 80 Kilometer verlängern. Und das erscheint Moltke angesichts der mehr und mehr dezimierten Truppenstärke und des erheblichen Kräfteschwunds der 1. Armee als zu riskant.

Nun treibt Kluck seine Armee in ungestümer Eile weiter voran. Am Morgen des 31. August ordnen sich die müden, hungrigen und von ununterbrochenen Kämpfen gezeichneten Kolonnen erneut für einen langen Marschtag. Die durchschnittliche Marschleistung beträgt 40 Kilometer, und das mit einem über einen halben Zentner schweren Tornister auf dem Buckel. Kaum ein Infanterist kennt die Namen der Orte, durch die sie kommen. Landkarten haben nur die Offiziere. Deshalb merkt die Truppe nicht, dass die Marschrichtung sich geändert hat. Sie glaubt noch, Paris sei das Ziel. Und das spornt sie an. Am 1. September erleben Klucks Regimenter eine böse Überraschung. Nach dem Überqueren der Oise treffen sie im Waldgebiet von Compiègne auf die Engländer, von denen es in Klucks Kommuniqué noch geheißen hatte, sie seien »ungeordnet über die Marne zurückgegangen«. Aber das ist nicht der Fall, sie werden die Marne erst am 3. September überqueren, ohne die Brücken zu sprengen. Nur wenige werden teilweise zerstört. Die englische Nachhut liefert den Deutschen ein hartes, verlustreiches Gefecht, das den Zeitplan erneut durcheinander bringt. Die deutschen Grenadiere sind am Ende ihrer Kräfte. Einer von Klucks Offizieren schreibt am 2. September in sein Tagebuch: »Unsere Männer sind ganz erschöpft. Sie stolpern dahin, die Gesichter staubbedeckt, die Uniformen zerfetzt. Sie sehen aus wie lebendige Vogelscheuchen …, marschieren mit geschlossenen Augen und singen im Chor, um nicht einzuschlafen … Nur die Gewissheit eines baldigen Sieges und des triumphalen Einzuges in Paris hält sie noch aufrecht.« Die Offiziere wagen nicht, ihnen die Wahrheit zu sagen.

In der Nacht des 2. September trifft bei der 1. Armee aus dem Großen Hauptquartier, das inzwischen über Berlin und Koblenz in ein Schulhaus nach Luxemburg, noch immer weitab vom Frontgeschehen, verlegt worden ist, ein Befehl Moltkes ein. Darin heißt es: »Der Feind hat sich dem Umfassungsangriff der 1. Armee und 2. Armee entzogen, und ein Teil seiner Streitkräfte hat sich mit den Streitkräften von Paris vereinigt.« Der Feind habe starke Kräfte nach Westen verlegt, die rechte Flanke des deutschen Heeres sei bedroht. Deshalb müssten beide Armeen »verhalten und sich gegen die östliche Front von Paris wenden«. Kluck schüttelt den Kopf. Den marschierenden Flügel auf der Schwelle des Sieges anzuhalten, das leuchtet ihm nicht ein. Ihm kommen Zweifel, ob die weit entfernte Oberste Heeresleitung die Lage überhaupt noch richtig einschätzen kann. Und dann folgt in dem Befehl ein Satz, der Kluck zutiefst kränkt. Seine Soldaten sollen »gestaffelt der 2. Armee folgen und den Flankenschutz des Heeres übernehmen«. Das verletzt Klucks Stolz mehr als eine Unterstellung unter den Befehl Bülows, die die Oberste Heeresleitung schon einige Male erwogen hat. Kluck denkt gar nicht daran, sich hinter Bülow zu halten, denn er ist diesem einen Tagesmarsch voraus. Um Moltkes Befehl zu befolgen, hätte er zwei Ruhetage einlegen müssen. Das hätte seiner Armee zwar gut getan, nicht aber der stürmischen Offensive, in der sie sich noch immer befindet. Deshalb befiehlt Generaloberst von Kluck seiner Armee sofort, am nächsten Tag den Marsch über die Marne fortzusetzen, um die Franzosen nach Osten abzudrängen. Es ist ein bisschen so, als führe in diesen schicksalsschweren Tagen hier jeder seinen eigenen Krieg. Zum Schutz seiner gefährdeten rechten Flanke gegen einen französischen Ausfall aus Paris lässt Kluck lediglich zwei seiner schwächsten Einheiten zurück.

Am 3. September legen Klucks Soldaten unter sengender Sonne und immerblauem Himmel bei 30 Grad im Schatten mehr als 40 Kilometer zurück. Alle Versorgungszüge und auch die Artillerie lassen sie weit hinter sich. Am Abend erreichen die Regimenter die Ufer und Brücken der Marne und bilden die ersten Brückenköpfe. Einen Tag später gehen auch die Spitzen der 3. Armee von Hausens über den Fluss. In den Kämpfen der folgenden Tage leisten die Franzosen auf einer 300 Kilometer langen Front, vornehmlich auf der Hochebene südlich der Marneniederung, heftigen Widerstand. Ein bedrückendes Zeugnis dafür ist die Schilderung des italienischen Kriegsberichterstatters Luigi Barzini: »Die weite Ebene ist mit Leichen übersät. Es sind Franzosen. Hunderte und Aberhunderte, ja, Tausende menschlicher Körper liegen da, so weit der Blick reicht ... Sie bilden eine lange, gewundene Linie, die fern verblasst, schmaler wird und verschwimmt. Sie liegen alle in einer Richtung gelagert, wie niedergemähtes Gras. Der Tod hat sie in wütendem Sturmlauf überrascht. Sie sind in ausgeschwärmter Linie gefallen, alle das Gesicht nach vorne ... Fast alle Toten liegen mit offenem Munde da, das bleifahle Gesicht auf der Erde, in die Stirne oder in die Brust getroffen.«

Auch die Soldaten der sächsischen 3. Armee sind 20 besonders heiße, regenlose Tage ohne Ruhetag marschiert, die meisten davon unter dauernden Kämpfen und auch bei Nacht. Generaloberst von Hausen beschließt daher, seiner Armee für den 5. September, einem Samstag, die dringend benötigte Erholung für Mann und Pferd zu gönnen, um die Kampfkraft der Truppe zu heben. Er selbst und auch ein Teil seines Stabes sind seit diesem Tag von einer folgenschweren kräftezehrenden Krankheit betroffen, die hochansteckend ist und sich schnell ausbreitet. Sie rumort so kräftig in den Därmen, dass Hausen für einige Zeit ausfällt. Wenig später ist es klar: In der 3. Armee greift eine Typhusepidemie um sich. An diesem 5. September, den Hausen als Ruhetag für seine Sachsenarmee bestimmt, erscheint in der Reichshauptstadt das »Berliner Tageblatt« mit der Überschrift: »Kanonendonner vor Paris«. Nähere Einzelheiten werden zwar nicht mitgeteilt, aber der Artikel erweckt den Eindruck, dass die deutschen Truppen kurz davor sind, Paris einzunehmen. Tatsächlich kommt am 4. September eine aus elf Mann bestehende Patrouille des Schweren Reserve-Reiterregiments Nr. 1 bis auf sechs Kilometer an den Festungsgürtel der Stadt heran, und ein paar Tage später können Klucks Soldaten am Horizont die Silhouette des Eiffelturms erkennen. In der Nacht vom 2. zum 3. September ist Raymond Poincaré, der Präsident der französischen Republik, mit einigen Kabinettsmitgliedern heimlich nach Bordeaux geflohen, ebenso das Personal der Bank von Frankreich und einige andere Behörden sowie einige reiche Familien, die in Monaco Unterschlupf finden. Als das in Paris bekannt wird, strömen Tausende aufgebrachter Pariser auf den Place de la Concorde und zum Elyséepalast und bewerfen die geräumten Regierungsgebäude mit Steinen.

Aufmarschlinien der Marneschlacht (September 1914)

BELGIEN

LUX.

Sédan

Compiègne

Ursprünglicher
Schlieffen-Plan

Aisne

DEUTSCHL.

Reims

Marne

13

Maas

12

Verdun

Mosel

9

10

11

3

Paris

6

2

Nancy

8

5

7

4

Seine

Maas

Mosel

Aube

Marne

Seine

FRANKREICH

N

0   100 km

Entwurf: H.-D. Otto, Karte: geografik.net

Legende

1   1. französische Armee
2   2. französische Armee
3   3. französische Armee
4   4. französische Armee
5   5. französische Armee
6   6. französische Armee
7   9. französische Armee
8   Britisches Expeditionskorps
9   1. deutsche Armee (Kluck)
10 2. deutsche Armee (Bülow)
11 3. deutsche Armee (Hausen)
12 4. deutsche Armee (Herzog Albrecht von Württemberg)
13 5. deutsche Armee (Kronprinz Wilhelm)

Im Raum Paris scheint sich der totale Zusammenbruch abzuzeichnen. Die Lage in der Stadt ist verzweifelt. Auf Befehl des Militärgouverneurs von Paris, General Gallieni, werden im Umkreis der Befestigungswerke alle Häuser niedergerissen, um freies Schussfeld zu bekommen. Gallieni will in Paris alle Brücken sprengen, wenn die Deutschen in die Stadt eindringen. Auch der Eiffelturm soll nicht verschont werden. Die Männer, die in Paris bleiben, arbeiten an der Verteidigung. Sonderzüge befördern »600.000 nutzlose Esser«, wie eine Zeitung schreibt, kostenlos nach Süden. Im Bois de Boulogne und im Park von Longchamps lagern Tausende von Rindern. Sie sollen der Bevölkerung während der erwarteten Belagerung als Nahrung dienen. Auf den Plätzen und Boulevards erheben sich überall hohe Heufuder für die Tiere, und an den Ufern der Seine steht eine Viehtränke neben der anderen.

Die allgemeine Panik greift auch auf Sir John French (1852–1925) über, den klein gewachsenen Kommandeur der britischen Expeditionsarmee, dessen Verhältnis zu den Verbündeten von Anfang an gespannt ist. French hegt gegenüber den Absichten der Franzosen tiefstes Misstrauen, er befürchtet, ausgenutzt zu werden. Am 29. August hatte ihn Joffre inständig gebeten, die Stellung zu halten. Aber French ist dazu nicht bereit. In den Rückzugsgefechten der letzten Woche habe er 15.000 Mann verloren, erklärt er Joffre. Seine Truppe brauche nun dringend zehn Tage Pause, weshalb er sich noch weiter bis hinter die Seine westlich von Paris zurückziehen werde. Dass er daran denkt, seine Truppen ganz aus der Front herauszuziehen und bis in den 400 Kilometer entfernten Hafen von St. Nazaire an der Loiremündung marschieren zu lassen, um sie dort einzuschiffen und zurück nach England zu bringen, sagt er dem französischen Oberbefehlshaber nicht. Damit würde sich in der Front eine riesengroße Lücke bilden. Die Möglichkeit, den Krieg zu verlieren, ist in diesen Stunden größer als je zuvor. Frankreich hätte den Briten diese »Fahnenflucht« wahrscheinlich nie verzeihen können. Der britische Kriegminister Lord Kitchener eilt nach Paris, tritt French in seiner blauen Marschallsuniform gegenüber, was der überempfindliche French sofort als Beleidigung auffasst, und erreicht in einer hitzigen Auseinandersetzung, dass die britischen Truppen an die Front zurückkehren. Am letzten Tag der Marneschlacht werden sie in die 45 Kilometer große Lücke zwischen der 1. und 2. deutschen Armee hineinstoßen und, wie Winston Churchill es ausgedrückt hat, »in die deutsche Leber eindringen«.

Marschall Joffre entscheidet sich am 6. September dafür, Paris nicht aufzugeben und die Armeen nicht ins Innere Frankreichs zu retten, sondern sie in einer letzten beharrlichen Kraftanstrengung aus dem Rückzug umzudrehen und den Deutschen erneut entgegenzuwerfen, um zu versuchen, sie aufzuhalten. In einem verzweifelten Gegenangriff will Joffre dem Feind dort entgegentreten, wo er nach Joffres Überzeugung alle Kräfte zum letzten Stoß auf Paris massiert hat: an der Marne. Seit dem 3. September weiß Joffre von Klucks Schwenkung. Und auch General Gallieni erkennt sofort die Chance, als er im Stabszimmer seines Deuxième Bureau auf die Landkarte mit den aufgesteckten Nadeln blickt: »Sie bieten uns ihre Flanke! Sie bieten uns ihre Flanke!« Die letzten Reserven werden aus Paris hinausgepumpt, immerhin 12.000 Mann, die der Armee General Manourys gegen Kluck zur Hilfe kommen sollen. Um sie schnellstmöglich nach Norden an die Front zu transportieren, lässt Gallieni sämtliche Taxis von Paris beschlagnahmen. Jedes dieser 600 Vehikel kann fünf Mann befördern. Eine geniale, glänzend organisierte Improvisation, die in die Kriegsgeschichte eingeht. Zum ersten Mal begeben sich motorisierte Regimenter an die Front. Die deutschen Beobachter können sich die endlose Reihe von sich bewegenden Lichtpunkten, die plötzlich auftauchen und dann wieder verschwinden, nicht erklären, als sie durch ihre Ferngläser schauen.

Am bangen Morgen des für den Gegenangriff vorgesehenen 10. September fühlen französische Kundschafter Richtung Marne vor. Sie reiben sich verwundert die Augen, als sie den Fluss erreichen und vergeblich nach deutschen Soldaten Ausschau halten. Sie sind nicht mehr da, sind ganz unerwartet einfach verschwunden, haben augenscheinlich kehrtgemacht, zurück über die Marne, so kurz vor dem greifbar nahen Ziel. Die Franzosen glauben zunächst an eine Falle, eine Kriegslist. Aber dann wird immer deutlicher, dass es sich um einen echten Rückzug handelt. Die Nachricht vom »Wunder an der Marne« eilt wie eine Erlösung durch das ganze Land. In dem Augenblick, da die Franzosen das Schlimmste befürchten, ist das Schlimmste für sie schon vorbei. Sie wissen nicht, dass auf deutscher Seite ein rangniederer und recht unbekannter Oberstleutnant mit dem Namen Hentsch (1869–1918) in das Rad des Schicksals eingegriffen hat.

Generalstabschef Helmuth von Moltke hat im Gegensatz zu Joffre nie Vertrauen in seinen guten Stern gehabt. Seiner Frau, einer überzeugten Spiritistin, die aus der Geisterwelt erfahren haben will, Deutschland werde den

Krieg verlieren, schreibt er am 29. August, von denselben dunklen Ahnungen und der angeborenen Ängstlichkeit befallen, im Hauptquartier begreife niemand den Ernst der Lage. Die Hurra-Stimmung, in der der Kaiser schwelge, sei ihm auf den Tod verhasst. Und zu seinem Staatssekretär Helfferich sagt er ernst und bedrückt am 4. September: »Wir wollen uns nichts vormachen, wir haben Erfolge gehabt, aber wir haben noch nicht gesiegt. Sieg heißt Vernichtung der Widerstandskraft des Feindes. Wenn sich Millionenheere gegenüberstehen, dann hat der Sieger Gefangene gemacht. Wo sind unsere Gefangenen?« Am 8. September sitzt Moltke, Hunderte Kilometer vom Geschehen an der Front entfernt, in seinem luxemburgischen Hauptquartier und hat nur ein lückenhaftes, verschwommenes Bild von der Lage. Telefonverbindungen zu den Armeekommandos kommen so gut wie nie zustande. Gelegentlich gelingt es, Funksprüche aufzufangen, die Truppenteile an der Front untereinander austauschen. Aber das ist auch schon alles. Moltke könnte sein Hauptquartier weiter nach vorn verlegen oder sich zu den Armeeführern an die Front begeben, um mit ihnen zu sprechen. Doch das tut er nicht. In den entscheidenden Stunden hat er die Zügel nicht fest in der Hand. Er bleibt in Luxemburg sitzen und hält Dauerbesprechungen mit seinem Stab ab, wohl wissend, dass er die aktuelle Lage im Grunde gar nicht kennt.

Das ist auch einem anderen Mann längst klar geworden, dem deutschen Kaiser. Er macht sich Sorgen über den mangelhaften Kontakt zwischen den Armeen und der Obersten Heeresleitung. Spontan entschließt sich Wilhelm II. (1859 bis 1941) am Abend des 6. September, am nächsten Tag zur 2. und 3. Armee zu fahren, um mit Bülow und Hausen zu sprechen. »Ich will ihnen die Hand drücken und der Truppe nahe sein«, sagt er zu seinen Begleitern. Doch als die kaiserliche Automobilkolonne am 7. September in Châlons-sur-Marne eintrifft, Hausens vorverlegtem neuem Hauptquartier, wird Wilhelm II. buchstäblich abgewimmelt. Der kranke Hausen will ihn nicht sehen und lässt ausrichten, er könne nicht für die Sicherheit des Kaisers garantieren. Außerdem grassiere hier gerade eine typhusähnliche Epidemie, dessen Opfer auch er selbst geworden sei. Unwillig und wütend kehrt der Kaiser wieder um. Noch am gleichen Abend trifft er mit Moltke zusammen, seinem geschätzten »Julius«, wie er ihn seit 1905, als Moltke Generalstabschef wurde, vertraulich nennt. Als er dem Kaiser einen Vortrag über die Lage hält, lässt der niedergeschlagene Moltke, der bereits von Joffres Gegenangriff nördlich von Paris weiß und der gerade durch die Nachricht alarmiert worden ist, im Osten drohten die Russen in Ostpreußen einzufallen, mit zitternder Stimme zum ersten Mal den Gedanken durchblicken, die deutschen Armeen auf dem rechten Flügel zurückzunehmen. Erregt springt Wilhelm auf und erwidert heftig: »Angreifen, solange es geht! Unter keinen Umständen einen Schritt zurück! Angreifen! Angreifen! Angreifen!«

Nach dieser deutlichen kaiserlichen Äußerung fasst Moltke am nächsten Morgen im Schulhaus von Luxemburg einen Entschluss, überschattet allerdings von dem Gefühl, dass alles, was er noch tun könne, zu spät sei. »Ich muss dringend erfahren, wie es auf unserem rechten Flügel tatsächlich aussieht«, sagt er in der morgendlichen einstündigen Lagebesprechung vom 8. September zu Oberstleutnant Tappen, dem meist einsilbigen, aber entschlussfreudigen und willensstarken Chef der Operationsabteilung, »sonst ist es mir unmöglich, eine Entscheidung zu treffen«. Tappen nickt. »Dann müssen wir jemand nach vorne schicken!« Oberst von Dommes, der erfahrene, energische Chef der politischen Abteilung des Generalstabs, bietet sich an, zu den Armeen zu fahren. Aber dieser Mann entspricht nicht Moltkes Denkungsart, er ist ihm zu optimistisch. Seine Wahl fällt auf den hochbegabten 45-jährigen Oberstleutnant Richard Hentsch, einen Mann seines Vertrauens, der aufgrund seiner glänzenden Leistungen auf der Kriegsakademie 1914 in den Großen Generalstab gekommen und hier zum Chef des Nachrichtendienstes aufgestiegen ist. Hentsch ist ohne jede Fronterfahrung und, wie die meisten Nachrichtenoffiziere, Skeptiker. Aber er ist auch, ähnlich wie Moltke, ein wortkarger Pessimist. Wer sich täglich mit Feindnachrichten herumschlagen muss, fürchtet vieles, wenn nicht alles. General Erich Ludendorff sagt später über Hentsch, er habe etwas Forschendes, Lauerndes in seinem Blick gehabt und sei ihm berechnend und kalt erschienen, als ein Mann ohne Seele.

Oberstleutnant Hentsch braucht nur eine halbe Stunde, um die Abfahrt mit zwei Daimler-Kraftwagen vorzubereiten. Im ersten sitzen er und Hauptmann von König, im zweiten Hauptmann Koeppen. Bis zum Aufbruch um 11.00 Uhr ist Hentsch noch eine halbe Stunde allein bei Moltke. Niemand weiß genau, was die beiden in dieser Zeit besprochen haben. Hentsch soll zur 1. und 2. Armee fahren. Aber mit welchen genauen Direktiven, mit welchen Befehlen? Jahrelang hat Moltke seinen Generalstabsoffizieren eingehämmert, dass jeder Befehl schriftlich gegeben werden muss. Nun hält sich der Chef selbst nicht daran. Hentsch bekommt keinen schriftlichen Befehl. Moltke erteilt nur vage mündliche Weisungen und überlässt es Hentsch, sie zu deuten, so dass sich später nicht mehr feststellen lässt, welche Empfehlungen oder gar Vollmachten der Oberstleutnant tatsächlich hatte. Gleich zu Beginn der Fahrt weicht Hentsch von seinem Auftrag ab. Er fährt nicht zur 1. und 2. Armee, sondern zunächst zur 5. nach Varennes und lässt sich von ihrem Befehlshaber, Kronprinz Wilhelm, dem designierten künftigen Kaiser, Bericht erstatten. Eine höchst merkwürdige Situation. Der Kronprinz zeigt sich durchaus zuversichtlich. Der Vormarsch seiner zehn Divisionen habe sich zwar verlangsamt, erklärt er, aber die Stimmung in der Truppe sei ausgezeichnet. Bei der 4. Armee des Herzogs Albrecht von Württemberg in Courtisol, wo Hentsch am gleichen Tag zwischen 17.00 und 18.00 Uhr eintrifft, ergibt sich ein etwas anderes Bild. Ihr Angriff ist zum Stehen gekommen und die Divisionen mussten zur Abwehr übergehen. Aber als Hentsch andeutet, dann wäre es wohl das Beste, die Armee würde sich hinter die Marne zurückziehen, ist der Herzog aufgebracht und lehnt dieses Ansinnen kategorisch ab. Die Armee werde schon morgen ihre Angriffe fortsetzen, sagt er voller Überzeugung und deutet auf das vor ihm stehende Feldtelefon mit einem Fernsprechanschluss nach Luxemburg, über den die Armee als einzige verfügt. Hentsch ruft Moltke jedoch nicht an. Er verabschiedet sich vielmehr höflich und fährt weiter nach Châlons zu Hausens 3. Armee, wo er am Abend ankommt und feststellen muss, dass Hausen noch ganz un-

ter dem Eindruck des am Morgen durchgeführten Bajo-
nettangriffs steht, der zwar erfolgreich, aber äußerst
blutig verlaufen ist. Er habe zwar bis heute mehr als die
Hälfte des Mannschaftsbestandes verloren, mit dem er
ausgerückt sei, gibt der kranke und leidende Generaloberst Hentsch zu verstehen, aber morgen werde er bei
Sézanne wieder angreifen, um der schwer kämpfenden
2. Armee zu helfen, die nur noch die Gefechtskraft von
drei Korps habe. Der telegrafischen Tagesschlussmel-
dung der Armee an die Oberste Heeresleitung fügt
Hentsch den Satz hinzu: »Lage und Auffassung der
3. Armee durchaus günstig.«

Durch das Aufsuchen der drei Armeen, in deren Be-
reich sich die Marneschlacht nicht entscheiden würde,
hat Hentsch wertvolle Zeit vertan. Als er kurz vor
20.00 Uhr beim Stab der 2. Armee in Montmort Generaloberst von Bülow gegenübersteht, den er vor einigen
Tagen schon einmal besucht hat, lassen es sich die Herren nicht nehmen, bei einem guten Glas Wein erst einmal gemeinsam das Abendessen einzunehmen. Dann
tritt man an den Kartentisch. Bülow beurteilt die Lage
seiner Armee weniger positiv. Seine Korps seien ausgeblu-
tet, sagt er, und er habe keinerlei Reserven. Mitten in das
Gespräch platzt eine Meldung von der Front herein: Der
Kommandeur der 13. Infanteriedivision, die am rechten
Rand der Armee steht, an der Lücke zu Kluck, hat den
Rückzugsbefehl gegeben, als die zahlenmäßig überlegenen Franzosen in die Lücke vorstießen. Das wirkt wie ein
Menetekel. Er könne sich auf seine eigenen Divisionen
wohl nicht mehr verlassen, seufzt Bülow. Dennoch hoffe
er, seine Stellung halten zu können, wenn er nicht um-

fasst würde. Im Beisein Hentschs diskutiert man im Stab die Lage. Dabei fällt das Wort »Schlacke«, womit gemeint ist, die Gefechtskraft sei nicht mehr da, man könne nicht mehr kämpfen. Der Stabschef der 2. Armee, General Lauenstein, meint, angesichts dieser Situation sei es vernünftig, die ganze Armee zurückzunehmen. Das ist das Stichwort für Hentsch. Ja, sagt er sofort, und spricht aus, was heute Morgen nach dem Gespräch mit Moltke in seinem Kopf schon Gestalt angenommen hat: »Nach Firmes, an der Straße zwischen Reims und Soissons. Hier können sich die Flügel beider Armeen vereinigen.« Er habe Vollmacht, fügt er nachdrücklich hinzu, nötigenfalls diesen Rückzug zu befehlen.

Das reicht aus, um der Marneschlacht, ja dem ganzen Krieg eine für die Deutschen ungünstige Wendung zu geben. Bülow unterzeichnet den Rückzugsbefehl, der am nächsten Tag an die Truppe für den Fall herausgehen soll, dass feindliche Kräfte in die Lücke vorstoßen. Eine Rücksprache mit Moltke findet nicht statt, es gibt keine Telefonverbindung von Montmort nach Luxemburg. Um 23.30 Uhr funkt Hentsch an Moltke: »Lage am rechten Flügel II. Armee ernst, aber nicht aussichtslos!« Die Meldung trifft um 1.00 Uhr bei Moltke ein. Er hat den ganzen Abend auf eine Nachricht von Hentsch gewartet. In diesen Stunden schreibt er ahnungsvoll an seine Frau: »Es wäre furchtbar, wenn all dies Blut vergossen sein sollte, ohne einen durchschlagenden Erfolg … Die ganze Welt hat sich gegen uns verschworen!«

Zwischen Bülow und Kluck gibt es in dieser Nacht keine Verständigung, obwohl die Stäbe nicht mehr als 100 Kilometer voneinander entfernt sind. Ein Kurier hätte sie auf

der Landstraße leicht und schnell bewältigen können.
Doch jeder denkt nur an sich und ist nur mit sich selbst beschäftigt. Auch Hentsch legt sich erst einmal aufs Ohr und
schläft sechs Stunden lang, statt sofort nach Maureuil,
Klucks neuem Hauptquartier, weiterzufahren. Angesichts
der Entwicklung bei der 2. Armee, von der Kluck noch gar
nichts weiß, ist Eile geboten. So müde kann Hentsch gar
nicht gewesen sein. Er wurde gefahren, brauchte weder zu
reiten noch zu marschieren und hätte auch während der
Fahrt im Wagen etwas schlafen können. Am nächsten
Morgen braucht er für die 100 Kilometer bis Maureuil
fünfeinhalb Stunden, denn die Straßen sind mit Nach-
schubkolonnen und Verwundetentransporten verstopft. In
Épernay fährt Hentsch über die Marne, weiter nach Süden.
Zur gleichen Zeit überqueren 60 Kilometer weiter westlich
englische Truppen über sechs Straßen- und zwei Eisen-
bahnbrücken, die von den Deutschen weder besetzt noch
zur Sprengung vorbereitet sind, den Fluss in umgekehrter
Richtung, um in den Rücken von Klucks Armee zu gelangen. Als Hentsch am Mittwoch, dem 9. September, um
12.30 Uhr endlich bei Kluck eintrifft, weiß der Befehlshaber der 1. Armee noch immer nichts von Bülows bereits
beginnendem Rückzug.

Hentsch ist von der großen Siegeszuversicht überrascht,
die er bei der 1. Armee vorfindet. Die Lage seiner Armee sei
ausgezeichnet, sagt Generaloberst Kluck. Er sei gerade im
Begriff, mit seinem linken Flügel die Engländer, die er ja
schon einmal besiegt habe, anzugreifen und wieder über
die Marne zurückzuwerfen. Und mit seinen anderen Korps
werde er gegen die 6. französische Armee des Generals
Maunoury Vorgehen und sie ebenfalls schlagen. »Heute

Abend wird der rechte Flügel bis nach Dammartin gekommen sein«, fügt er siegessicher hinzu. »Dann ist alles gewonnen.« Auch sein Stabschef, General von Kuhl, beurteilt die Lage optimistisch. Als Hentsch ihm zu verstehen gibt, Bülows 2. Armee müsse sich über die Marne auf die Linie Soissons-Fismes zurückziehen und es gäbe eine Katastrophe für die 1. Armee, wenn sie jetzt stehen bliebe, widerspricht er. Der Kampf bis zum vollen Sieg sei jetzt leichter als ein schwieriger Rückzug, versucht er, Hentsch zu überzeugen. Aber der kann nun nicht mehr zurück. Er treibt das Ganze auf die Spitze, indem er den unheilvollen, unwahren Satz ausspricht, der beiläufig in Montmort in der Diskussion gefallen ist: »Die 2. Armee ist nur noch Schlacke!« In der Sprache der Generalstäbler bedeutet das: Mit der 2. Armee ist nicht mehr zu rechnen, sie ist am Ende, ist besiegt. Kuhl wird blass. Wenn das so ist, steht die 1. Armee vereinzelt da. Dann hängt sie quasi in der Luft, von einer totalen Umfassung bedroht. Ergriffen und niedergeschlagen informiert er Generaloberst Kluck und den gesamten Stab über das Ergebnis seiner Besprechung mit Hentsch. Schweren Herzens erklärt Kluck, angesichts dieser ihm bisher nicht bekannten Situation bleibe ihm nichts anderes übrig, als der Weisung zu folgen und einem Rückzug zuzustimmen.

So kommt es, dass auf Betreiben eines frontunerfahrenen Oberstleutnants zwei erfolgreiche, siegende Armeen plötzlich zurückgehen und der Marne den Rücken kehren, weil jede von der anderen fälschlich glaubt, sie könne sich nicht mehr halten. Die Deutschen fliehen zwar nicht, doch wer das Schlachtfeld verlässt, hat die Schlacht verloren. Nun muss Moltke auch den anderen Armeen den Rückzug befehlen, um sie vor einer Umfassung zu bewahren. Das Unheil, zu dem Hentsch erheblich beigetragen hat, ist nicht mehr gutzumachen. Die ungeschlagenen deutschen Armeen gehen zurück und vergeben einen möglichen überwältigenden Sieg. Der erloschene französische Elan flammt wieder auf. Bereits am 18. September erlaubt General Gallieni den Parisern einen Ausflug auf das Schlachtfeld an der Marne. Ein deutscher Pickelhelm kostet als Souvenir 20 Sous.

Am Abend des schicksalsschweren 9. September schreibt Moltke, schwer an seiner Herz- und Blasenkrankheit leidend, an seine Frau: »Es geht schlecht. Die Kämpfe im Osten von Paris werden zu unseren Ungunsten ausfallen … Der so hoffnungsvoll begonnene Anfang des Krieges wird in das Gegenteil Umschlagen. Ich muss das, was geschieht, tragen, und ich werde mit meinem Lande stehen oder fallen.« Wenig später tritt er vor seinen Kaiser und meldet: »Majestät, wir haben den Krieg verloren!« Er wird sofort entlassen und zieht sich auf ein vom Kaiser zur Verfügung gestelltes Schloss in Homburg zurück. Neuer Generalstabschef wird am 3. November 1914 General Erich von Falkenhayn, der zugleich amtierender Kriegsminister ist. Unter seiner Führung erstarrt die gesamte Westfront in einem zähen, hoffnungslosen Stellungskrieg. Ein Kriegsgerichtsverfahren gegen den unglückseligen Oberstleutnant Hentsch wird rasch wieder eingestellt. Als Trostpflaster erhält er sogar eine Beförderung zum Oberst. Die Frage, ob er eigenmächtig gehandelt hat, bleibt ungeklärt, denn zu einer Gegenüberstellung mit Moltke kommt es nie. Moltke stirbt im Juni 1916 an seinem Herzleiden und Hentsch 1918, zwar ebenso wie Moltke als gebrochener Mann, aber immer noch davon überzeugt, dass er das Heer vor Paris vor einer Niederlage bewahrt habe, die den Krieg sofort entschieden hätte. Tatsächlich haben die Deutschen in diesem Krieg die einzige Aussicht auf einen vollen Sieg um Haaresbreite im September 1914 an der Marne verloren, wenngleich die Alliierten noch vier blutige Jahre brauchen, um es ihnen zu beweisen.

ENTSCHEIDUNG AN DER MAAS

Belgien und Nordfrankreich, 10.–15. Mai 1940

Im Winter 1939 liegt den deutschen Angriffsvorbereitungen im Westen ein alter Plan zugrunde, nach dem die zahlenmäßig überlegenen französischen Armeen von Südholland und Belgien aus durch Schwenkung des rechten deutschen Flügels in Form einer einarmigen Zange umfasst und in einem großen Kessel vernichtet werden sollen. General Erich von Manstein, der Stabschef der von Generaloberst Gerd von Rundstedt geführten Heeresgruppe A, findet diesen aufgewärmten Schlieffenplan des Jahres 1914 bedenklich und wenig erfolgversprechend, weil ihm jedes Moment der Überraschung fehlt und die Gefahr besteht, dass der Angriff früher noch als 1914 im Stellungskrieg erstarrt. Er arbeitet deshalb einen Gegenvorschlag aus, der statt des von den Alliierten erwarteten geraden Stoßes nach Belgien hinein eine bloße Vortäuschung einer Neuauflage des Schlieffenplans vorsieht und das Hauptgewicht vom rechten Flügel auf die Mitte verlegt, in das bergige und bewaldete Gelände der Ardennen. Diesen Abschnitt haben die Franzosen nur relativ schwach besetzt, weil sie der Auffassung sind, die Ardennen seien für umfangreiche Panzeroperationen ungeeignet. Genau darauf setzt Mansteins riskanter Plan. Für den Generalstab jedoch verstößt er in geradezu abenteuerlicher Weise gegen alle militärische Vernunft.

Als der Plan dem machthungrigen und grausamen Diktator Hitler vorgelegt wird, ist er begeistert. Auch er hat schon mit dem Gedanken gespielt, vom »starken rechten Flügel« Kräfte abzuziehen, um mit einem massierten Panzerkeil durch die unwegsamen Ardennen vorzustoßen, durch das flache Nordfrankreich zur Kanalküste zu rollen und die nach Belgien und Holland vorrückenden alliierten Armeen von ihrer Basis abzuschneiden. Ein genaueres Kartenstudium zeigt ihm jetzt, dass es die großen Lichtungen von Arlon, Tintigny und Florenville durchaus gestatten, aus dem Raum Luxemburg an der Maginot-Linie vorbei die Maas zu erreichen, ohne auf Hochwald zu stoßen. Hitler genehmigt den »Sichelschnittplan«. Die Heeresgruppe B des Generalobersten von Bock soll wie ein Matador mit seinem roten Tuch die feindlichen Armeen nach Norden in die Falle locken. Der tödliche Degenstoß in den Rücken erfolgt durch die sieben Panzerdivisionen der Heeresgruppe A von Rundstedts, die die schwierige Aufgabe zu lösen haben, in endlosen Kolonnen auf den wenigen, engen und gewundenen Straßen das raue Ardennengelände zu durchbrechen und die Maas zu erreichen. Der gesamte Erfolg der am 10. Mai 1940 beginnenden Operation »Gelb« hängt davon ab, ob die drei Panzerkorps und die nachrückende Infanterie es auch zügig schaffen, den Fluss zu überqueren.

Die deutschen Generäle wissen genau, welche Schwierigkeiten sie an dieser natürlichen, schwer zu überwindenden Schranke erwarten. Sie wissen, dass der Maasabschnitt zwischen Charleville und Givet am Ostufer durch steile Felsklippen geschützt ist und der Fluss bei Dinant nur durch steile, gewundene Schluchten erreicht werden kann. Besonders schwierig wird es sein, das strategisch wichtige, am Ostufer gelegene Sedan einzunehmen, weil es nicht nur durch dichte Wälder geschützt ist, sondern alle Zugänge von den beherrschenden Marféehöhen im Westen bestens einzusehen sind. Aber die deutschen Kommandeure vertrauen auch darauf, dass die herrlichen Eichen-, Birken- und Kiefernwälder eine gute Tarnung gegen die Sicht aus der Luft bieten und ganze Panzerdivisionen sich darin den Blicken des Feindes entziehen können.

Eine gezielte französische Luftaufklärung hat seit Kriegsbeginn allerdings überhaupt nicht stattgefunden, und zwar aus politischen Gründen, insbesondere wegen der Furcht vor deutschen Repressalien, und nicht etwa wegen des schlechten Wetters im Winter 1939/40, wie die Franzosen nach dem Krieg behaupten werden. Der französischen Luftwaffe bleibt die deutsche Panzerkonzentration in den Ardennen völlig verborgen. General Maurice-Gustave Gamelin (1872–1958), Generalstabschef und Oberbefehlshaber des französischen Heeres, ist von dem selbstsicheren und unerschütterlichen Glauben beherrscht, die französische Armee sei unbesiegbar. Seine Landsleute werden ihn später für seine Fehleinschätzungen verantwortlich machen und noch während des Feldzuges seines Kommandos entheben und 1942 sogar ins Gefängnis stecken. Im Frühjahr 1940 vertraut Gamelin, geleitet von einer veralteten Doktrin und umgeben von mittelmäßigen Kommandeuren, auf die Stärke der Stellungen bei Sedan und vor allem darauf, dass die im letzten Jahrzehnt für viele Milliarden Francs erbaute Maginot-Linie nicht überwunden werden kann. Allein für die weitläufigen Bunkerwerke an der Oberfläche ist mehr Beton verbraucht worden, als für die große Pyramide von Gizeh nötig gewesen wäre, und die unterirdischen Räume und Gänge sind länger als das gesamte Netz der Metro von Paris. Auch das französische Volk berauscht sich an diesem gigantischen Bauwerk, dieser Flucht in den Beton. Doch in Wahrheit ist mit der Maginot-Linie der Gipfel des strategisch Sinnlosen und Unvernünftigen erreicht. Sie schwächt Frankreich, sie ist keine Festung, die Truppen erspart, sondern ein Schwamm, der die besten französischen Truppen aufsaugt und sie lähmt. Das Gespenst der Maginot-Linie vernebelt die Köpfe fast aller Franzosen. In den ersten Tagen des sonnigen, wunderschönen Mai 1940 sitzen die Pariser in ihren Straßencafés, besuchen die Pferderennen in Auteuil oder die Kunstausstellungen im Grand Palais und ahnen nichts von dem Unheil, das in den kommenden Wochen wie ein Sturmwind über sie und ganz Frankreich hereinbrechen wird.

Am späten Nachmittag des 9. Mai besteigt Hitler mit seinem Gefolge in Berlin seinen Sonderzug »Amerika« in Richtung Hamburg. Überall spricht man von einem Besuch des Führers im gerade besetzten Norwegen, aber kurz nach Mitternacht ändert der Zug seine Fahrtrichtung, biegt nach Südwesten ab und hält um 4.00 Uhr morgens in Euskirchen. Von hier aus wird Hitler per PKW ins nahe »Felsennest« in Münstereifel gebracht, sein neues Hauptquartier. Die gut getarnte Bunkeranlage liegt in den Eifelwäldern unweit der belgischen Grenze. Gegen 21.00 Uhr hat das Oberkommando der Wehrmacht die Codeworte »Danzig« und »Augsburg« durchgegeben. Nun wissen alle deutschen Einheiten an der Westgrenze: Die große Offensive beginnt am nächsten Morgen um 5.35 Uhr. Hitlers Divisionen greifen nach einem der brillantesten Kriegspläne aller Zeiten an, der aber gleichzeitig auch so riskant ist, dass er mit einer Niederlage Deutschlands enden kann. Hitlers Tagesbefehl vom 10. Mai ist ebenso kurz wie großsprecherisch: »Soldaten der Westfront! Die Stunde des entscheidendsten Kampfes für die deutsche Nation ist gekommen. Seit 300 Jahren war es das Ziel der englischen und französischen Machthaber, jede wirkliche Konsolidierung Europas zu verhindern, vor allem aber Deutschland in Ohnmacht und Schwäche zu halten ... Der heute beginnende Kampf entscheidet das Schicksal der deutschen Nation für die nächsten tausend Jahre. Tut jetzt Eure Pflicht. Das deutsche Volk ist mit seinen Segenswünschen bei Euch.«

Als das südlichste der drei deutschen Panzerkorps, das XIX. unter General Heinz Guderian, dem Schöpfer der deutschen Panzerwaffe, mit der 1. Panzerdivision (Kirchner) an der Spitze sowie der 2. Panzerdivision (Veiel) und der 10. Panzerdivision (Schaal) an den Flanken, verstärkt durch das Infanterieregiment »Großdeutschland«, die luxemburgische Grenze bei Vianden überquert und durch das Großherzogtum rollt, vollzieht sich der schnelle Vormarsch glatt und friedlich. Die Bauern auf den Feldern pflügen weiter und heben kaum die Köpfe. Bereits um 9.00 Uhr erreicht Kirchners Vorhut die belgische Grenze. Da Belgien seit 1936 neutral ist, sind auch hier die Grenzhindernisse unverteidigt, so dass der deutsche Zeitplan intakt bleibt. Am Abend des 10. Mai werden Hitler vom Nachrichtendienst Meldungen überbracht, aus denen hervorgeht, dass Gamelin bereits auf den »Matadorenmantel« reagiert hat und seine Truppen eiligst nach Belgien stürmen. Völlig hingerissen sagt Hitler nach einer schlaflosen Nacht, er könne vor Freude weinen, weil der Feind offenbar in die Falle gegangen sei.

Während in der Mitte Reinhardts XLI. Panzerkorps mit der 6. und 8. Panzerdivision durch Bastogne auf Monthermé an der Maas vorstößt, ist von Hoths XV. Panzerkorps – vor allem die 7. Panzerdivision, die später den Namen »Gespensterdivision« erhält – besonders schnell und mit oft halsbrecherischer Geschwindigkeit allen anderen weit voraus. Ihr Kommandeur ist Generalmajor Erwin Rommel, ein 48-jähriger Württemberger, der schon im Ersten Weltkrieg für besondere Tapferkeit und Kühnheit mit dem höchsten Orden Pour le Mérite ausgezeichnet worden war. Als er 1939 während des Polenfeldzuges als Kommandant des Führerhauptquartiers in Hitlers Blickfeld gerät, bittet er diesen um das Kommando über eine Panzerdivision und erhält es auch. Im Februar 1940 übernimmt er – als Infanterist ohne jede Erfahrung in der Panzerführung – die 7. Panzerdivision, die zu diesem Zeitpunkt statt rund 300 kaum mehr als 200 Panzer besitzt, wovon zudem noch mehr als die Hälfte leichte bis mittlere T 38 tschechischer Bauart sind. Rommels Strategie besteht insbesondere darin, selbst meist an der Spitze fahrend, mit größter Kühnheit vorzustoßen, ohne daran zu denken, dass Rücken und Flanken ungedeckt sind. Ein wendiger und entschlossener Gegner hätte diesen »Zeigefinger« abschneiden können. Doch Rommels Kalkül bestätigt sich: Der überrumpelte Feind ist zu erschrocken und verwirrt, um Gegenwehr zu leisten.

Am Abend des 11. Mai schreibt Rommel seiner Frau einen hastigen Brief: »Liebste Lu, ich komme heute zum ersten Mal zu Atem und habe einen Augenblick Zeit zu schreiben. Alles ist wunderbar. Bin meinen Nachbarn weit voraus. Vom Befehlen und Schreien bin ich völlig heiser ... Sonst geht es mir großartig ... Für mehr bin ich zu müde.« Ein paar Tage später erklärt er dem Kriegsberichterstatter, seinem Freund Oberst Hesse, der Mühe hat, Rommel auf seinem schnellen Vormarsch zu folgen, in diesem Krieg sei der Platz des militärischen Führers vorn. Er führe nicht wie ein Generalstabsoffizier vom grünen Tisch. »Die Zeit des Seydlitz und Zieten ist wiedergekommen. Wir müssen den heutigen Krieg vom Kavallerie-Standpunkt sehen, Panzereinheiten wie Schwadronen führen und Befehle im fahrenden Panzer wie früher aus dem Sattel geben.«

Am 12. Mai, dem dritten Tag des Westfeldzuges, einem sommerlich warmen Pfingstsonntag, steht Rommel mit seiner Division als Erster an der Maas und kann das kleine, in einem Winkel des rechten Steilufers gelegene Städtchen Dinant kampflos besetzen. Um ein Haar hätte er sogar die Straßenbrücke im Zentrum heil in die Hand bekommen, aber als der erste deutsche Panzer auf sie zurollt, fliegt sie in die Luft. Etwa fünf Kilometer flussabwärts liegt mitten im Flussbett der Maas die bewaldete, gut einen Kilometer lange und nur fünfzig Meter breite Insel Houx. Am mit hohen Bäumen bewachsenen Ostufer, wo die Felswände steil in den Fluss abfallen, führt von der Ortschaft gleichen Namens eine Schleuse mit Wehr zu der Insel hinüber und von dort ans Westufer. Man hatte sie nicht gesprengt, weil man befürchtete, die Sprengung würde in der trockenen Jahreszeit den Wasserspiegel der Maas noch weiter senken und den Fluss stellenweise passierbar machen. Das alte verwitterte Wehr ist völlig ungesichert und unbefestigt, und nicht einmal der Laufsteg ist zerstört.

Als die Soldaten des 7. Kradschützenbataillons sich dieser Schleuse nähern, trauen sie ihren Augen kaum: Sie ist unbesetzt und unbewacht, der Feind hat die wenigen ausgebauten Stellungen nicht bezogen. Mit Einbruch der Dunkelheit beginnen Rommels Kradschützen, wie Seiltänzer einer nach dem anderen, mit schweren MGs und Munitionskisten beladen, den Fluss auf dem Schleusenkamm zu überschreiten. Am anderen Ufer graben sie sich sofort ein. Trotz heftig einsetzenden französischen MG-Feuers sind bald mehrere Kompanien am anderen Ufer. Kurz nach Mitternacht haben sich die ersten deutschen Soldaten am Westufer der Maas festgesetzt.

Bei Houx steht Rommel pures Glück zur Seite. Er trifft auf eine der schwächsten Stellen der französischen Maasverteidigung. Der Befehlshaber der für diesen Abschnitt zuständigen 9. französischen Armee, der unglückliche 62-jährige General Martin Corap, hat zwar schon im April befohlen, die Verteidigung müsse hier mit aller Härte unmittelbar am Wasserrand erfolgen. Aber die Disziplin und Moral der Armee ist schlecht, und der Nachrichtendienst ist träge. Es gibt keine funktionierenden Funkverbindungen und keine Kradmelder. Corap hat völlig die Übersicht verloren. Man kann ihn auch telefonisch nicht erreichen, was zur Folge hat, dass vom Armeebefehlshaber aufwärts niemand vor dem 13. Mai nachmittags vom Flussübergang deutscher Kradschützen bei Houx und vom Ausmaß der Bedrohung erfährt. Der örtliche Kommandeur, General Duffet, befiehlt zwar, durch drei sofortige Gegenangriffe das linke Maasufer wieder zu säubern. Doch die Truppen für die beiden ersten können sich nicht sammeln, und der dritte beginnt erst, als es bereits zu spät ist. Die französischen Panzer kommen zwar bis an die Maas, aber aus unerklärlichen Gründen ist ihnen die Infanterie nicht gefolgt, so dass sie sich wieder zurückziehen. Der Gegenstoß bleibt erfolglos.

Etwa um 15.00 Uhr fährt Rommel am 13. Mai zusammen mit seinem Adjutanten, Hauptmann Schräpler, in seinem Befehlsfahrzeug selbst nach Dinant, um sich über die Lage zu informieren. Die französische Artillerie beschießt pausenlos das Ostufer der Maas, so dass beide auf der Straße zum Fluss zu Fuß gehen und zum Ufer hinunterklettern müssen. Das 6. Schützenregiment ist gerade dabei, den Fluss in Schlauchbooten zu überqueren, um den Brückenkopf des Kradschützenbataillons von Major Steinkeller zu verstärken, das bereits nach kurzem Kampf den kleinen Weiler La Grange genommen hat und weiter landeinwärts vorgestoßen ist. Rommel hat später geschrieben, die Lage sei bei seinem Eintreffen nicht allzu erfreulich gewesen. »Die Schützen wurden durch das schwere Artilleriefeuer und das äußerst lästige Kleingewehrfeuer der Franzosen aufgehalten, die sich in den Felsen am Westufer festgesetzt hatten … Unsere Boote wurden nacheinander von dem flankierenden französischen Feuer zerstört, der Übergang kam schließlich zum Stillstand.« Rommel erkennt, dass er nur Verstärkungen über die Maas bringen kann, wenn er sofort eigene Panzer und Artillerie zur Bekämpfung der feindlichen Widerstandsnester direkt an den Fluss holt. Deshalb fährt er zurück zum Divisionshauptquartier, wo auch seine Vorgesetzten, General Hoth als Korpskommandeur und Generaloberst Kluge, der Befehlshaber der 4. Armee, eintreffen. Von ihnen fordert er Panzer und Artillerie an, die die Bunker bei Houx im Direktbeschuss zerstören sollen, da anders ein Übergang über die Maas nicht zu schaffen sei.

Daraufhin wird das kampfkräftige 25. Panzerregiment von Oberst Rothenburg mit seinen starken Panzer IV an den Nordrand von Dinant beordert. Doch nur die Hälfte der Panzer erreicht den Fluss und fährt langsam die Uferstraße entlang, die Türme um 90 Grad eingedreht und mit der schweren 7,5-cm-Kanone auf die französischen Bunker und MG- Nester feuernd – die anderen Panzer bleiben irgendwo auf dem Hang liegen. Unter dem Schutz des Panzerfeuers schaffen es einige Sturmboote hinüberzukommen. Zusammen mit Leutnant Most lässt sich auch Rommel übersetzen, um die bedrängten Kompanien aufzusuchen. Rommel schreibt: »Dann eilte ich durch eine tiefe Schlucht zur Kompanie Enkefort. Als ich ankam, wurde Alarm gegeben: ›Panzer von vorn!‹ Die Kompanie besaß keine Pak, ich gab daher Befehl, so schnell wie möglich das Kleingewehrfeuer auf die Panzer zu eröffnen.« Als die französischen Panzer ihren ohne Infanterieunterstützung vorgetragenen Angriff tatsächlich abbrechen und sich zurückziehen, entsteht daraus die Legende, Rommel habe seinen bedrängten Kradschützen befohlen, mit Leuchtpistolen auf die Panzer zu feuern, um die Leuchtspur von Pakgranaten vorzutäuschen.

Wieder zurück am anderen Ufer sieht Rommel, wie eine Pionierkompanie dabei ist, eine Seilfähre mit einer 8-Tonnen-Pontonbrücke zu bauen. Er brauche aber eine 16-Tonnen-Pontonbrücke für seine schweren Panzer, ruft er den Pionieren zu und legt selbst mit Hand an. Rommel verlangt nichts von seinen Soldaten, was er nicht selbst tun würde, dafür ist er bekannt. Deshalb steht er selbst bis zu den Hüften im Wasser und verlegt Bohlen, um den Pionieren zu helfen, und bleibt so lange bei ihnen, bis er sicher ist, dass seine Panzer es schaffen würden hinüberzukommen. Die Geschichte macht bald die Runde durch die ganze Division. Die Panzerbesatzungen am Ufer sehen ungeduldig zu, wie die Pioniere unter feindlichem Beschuss in der Mittagssonne schuften. Mehrere Pontons werden getroffen, einer versinkt samt Panzer mitten im Fluss. Mehrere Pioniere und auch der Kommandeur des Pionierbataillons fallen im feindlichen Feuer. Die ersten Panzer und mit ihnen Rommel in seinem achträdrigen Kommandowagen können erst in der Dämmerung übersetzen. In der Nacht folgen ein paar schwere Panzer IV und Pakgeschütze. Rommel schreibt: »Die Panzer nachts über den 120 Meter breiten Fluss zu setzen, war ein hartes Stück Arbeit. Am Morgen waren erst 15 Panzer drüben, eine beunruhigend kleine Zahl.«

Die Franzosen haben die große Chance, Rommels kleinen Brückenkopf, der auch in der Nacht zum 14. nur etwa drei Kilometer tief und fünf Kilometer breit ist, zu eliminieren und ihm eine böse Schlappe zu bereiten, vertan. Der Angriff einer Tankschwadron ohne jede Unterstützung war alles, was Coraps 9. Armee am Abend des 13. Mai zuwege brachte. Ohne Rommels persönliche Führung und mit etwas mehr Entschlossenheit auf der französischen Seite hätte die Sache auch ganz anders ausgehen können. Wenn Rommels Kradschützen an diesem Tag in die Maas zurückgeworfen worden wären, wäre die Schneide der 7. Panzerdivision womöglich selbst dann stumpf geworden, wenn Rommel später den Übergang doch noch geschafft hätte. Und Coraps Armee hätte vor allem das gewonnen, was Frankreich in diesen Tagen am dringendsten brauchte: Zeit.

Den 14. Mai hätte Rommel fast nicht überlebt. Auf dem Weg nach dem nördlich von Houx gelegenen Onhaye (Anhée), das gerade vom 7. Schützenregiment unter Oberst von Bismarck genommen worden war, gerät er mit seinem Panzer III an einem Steilhang ins Schlingern, rutscht auf der Seite liegend mit verklemmter Kanone in eine Sandgrube und wird dort als ideale Zielscheibe von schwerer feindlicher Pak beschossen. Sein Fahrzeug erhält mehrere Treffer, Rommel selbst wird im Gesicht verwundet. Farbige französische Kolonialsoldaten stürmen heran, um ihn gefangen zu nehmen. Aber Oberst Rothenburg ist mit seinem Befehlspanzer rechtzeitig an Ort und Stelle und kann Rommel befreien. Für diese Tat, die an Alexanders Rettung am Granikos durch seinen Reiterführer Kleitos erinnert, und für seine weiteren erfolgreichen und wagemutigen Operationen bei Dinant erhält der Kommandeur des 25. Panzerregiments, der später in Russland fällt, das Ritterkreuz. Rommel bricht mit seinen Truppen aus dem Brückenkopf aus, erreicht schon am 15. Mai Philippeville und stürmt dann 100 Kilometer weiter nach Westen Richtung Avesnes.

General Gamelin, der französische Oberbefehlshaber, ist schon am Nachmittag des 13. Mai über Rommels Maasübergang informiert worden. Gegen Abend erhält er vom Südabschnitt der Maas einen Anruf von General Georges, dem Oberbefehlshaber der Nordostfront, der ihm knapp mitteilt, es habe bei Sedan »un pépin assez serieux« gegeben, »einen ziemlich ernsten Nadelstich«. Das war, wie es der englische Autor und Militärhistoriker Alistair Horne formuliert hat, »die Untertreibung des Jahrhunderts«.

Sedan! Für die Deutschen geht auch 1940 noch ein großer Zauber von diesem Namen aus, dieser kleinen, knapp 15.000 Einwohner zählenden Provinzstadt an der Maas, in der Napoleon III. 1870 mit seinen Truppen nach verlorener Schlacht vor Moltke bedingungslos kapitulierte. Gamelin hatte befohlen, Sedan »um jeden Preis« zu halten. Doch binnen vier Stunden gibt es die französische Kavallerie auf. Sie zieht sich kampflos zurück. Am Nachmittag des 12. Mai besetzen die Spitzen von Friedrich Kirchners 1. Panzerdivision die teilweise brennende Stadt fast ohne Widerstand. Noch vor Einbruch der Dunkelheit steht die Division in voller Stärke an der Maas, ebenso wie links von ihr bei Bazeilles die 10. Panzerdivision. Nur die 2. Panzerdivision hängt noch weit zurück, sie ist, sehr zu Guderians Verdruss, in den verstopften Ardennenstraßen hängen geblieben. Und noch etwas bereitet dem 52-jährigen Korpskommandeur – einem echten Preußen, klein von Gestalt, aber von gewaltigem Enthusiasmus erfüllt – ernsthafte Sorgen: Nirgendwo ist ein Handstreich auf die zahlreichen Maasbrücken gelungen, der Feind hat sie alle sprengen können. Es wird also der Infanterie überlassen bleiben, den Kampf um die Übergänge aufzunehmen. Das der 1. Panzerdivision unterstellte Infanterieregiment »Großdeutschland«, einer der besten Truppenteile der Wehrmacht, soll im Schwerpunkt des Korps die hier 80 Meter breite und vier Meter tiefe Maas überwinden. Aber es ist trotz strapaziöser Eilmärsche noch nicht heran.

Umso erstaunter ist Guderian, als am Abend des 12. Mai sein Vorgesetzter, General von Kleist, dem alle drei Panzerkorps unterstehen, plötzlich mit einer Fieseler Fi 156, dem sogenannten Fieseler Storch, in Guderians neuem Gefechtsstand im Dorf Noirfontaine landet und ihm befiehlt, schon am nächsten Tag um 16.00 Uhr beiderseits von Sedan die Maas zu überqueren, einen Brückenkopf zu bilden und vor allem die stark bewaldeten Höhen von Marfée einzunehmen. Guderian ist ein kühner Kommandeur, dem schnelles, entschlossenes Handeln durchaus zu eigen ist und der über seine Panzerfahrer sagt, sie seien in der glücklichen Lage, immer offene Flanken zu haben. Aber dieser Befehl übertrifft seine eigene Kühnheit. Guderian protestiert und verlangt einen Aufschub von wenigstens ein paar Stunden. Seine 2. Panzerdivision stehe noch an der Semois, und die Sturmpioniere, die die Brücken über den Fluss schlagen müssen, seien von den Gewaltmärschen und den Anstrengungen in den Ardennen erschöpft und müde. Es sei nicht klug, mit nur zwei Dritteln seines Korps anzugreifen. Von Kleist gibt ihm sogar teilweise Recht, betont aber, dass er an diesem unbarmherzigen Zeitplan nichts ändern könne, da es sich um einen ausdrücklichen Führerbefehl handele. Er tröstet Guderian mit dem Versprechen, ihm die größte Luftunterstützung zu geben, die jemals eine Armee erhalten habe.

Der schnelle Panzervorstoß nach Sedan hat das französische Oberkommando völlig überrascht. Alarmiert gibt es nun den Befehl, die Einheiten der Hauptreserve um Sedan zu versammeln. In einer halbkreisförmigen Auffanglinie soll die Maas verteidigt werden, über 50 mit MGs oder Kanonen bestückte Betonbunker sollen den gesamten Flussabschnitt unter Sperrfeuer nehmen. Die schwer zugänglichen Höhen von Marfée bilden auf ihrer Nordseite ein ausgezeichnetes Schussfeld auf den Maasbogen bei Sedan. In den Augen der französischen Truppenführer besteht in diesem Abschnitt keine unmittelbare Gefahr. Am Ostufer versammeln sich zwar große feindliche Panzermassen, aber Panzer können nicht schwimmen. General Grandsard, der Befehlshaber des X. französischen Korps, sagt deshalb zu General Lafontaine, der mit seiner 55. Infanteriedivision diesen Abschnitt verteidigen soll, er könne nun erst einmal acht Tage lang in aller Ruhe zuschauen. Nach den Grundsätzen der konventionellen Kriegsführung von 1918 ist Grandsards Vermutung durchaus richtig, doch er wird schnell eines Besseren belehrt.

Der Befehlshaber der 5. deutschen Luftflotte, General Sperrle, löst umgehend das Versprechen ein, das man Guderian gegeben hat. Am 13. Mai, einem sonnigen, heißen Tag, greifen schon morgens Dornier Do 17-Bomber, wegen ihrer langgestreckten Form »Fliegende Bleistifte« genannt, sowie Sturzkampfflugzeuge vom Typ Ju 87 die französischen Stellungen an und bombardieren die Kasematten sowie alle Straßenkreuzungen und Dörfer der Umgebung. Die Stukas arbeiten methodisch und in Gruppen von 30 Flugzeugen, indem sie ein großes Karussell fliegen, aus dem sie dann heulend und pfeilschnell herabstoßen. Sie zerstören alle Ortschaften entlang der französischen Widerstandslinie. Das ganze westliche Maasufer verschwindet in einer einzigen dichten Rauchwolke. Aufgrund der schlechten Verbindung zwischen den verschiedenen französischen Armeen und den Luftstreitkräften versagt die alliierte Luftwaffe an diesem 13. Mai 1940 völlig. Nur vereinzelt tauchen französische Jagdflugzeuge auf, die auch drei deutsche Maschinen über der Maas abschießen. Doch dann sind an die 100 deutsche Jäger Me 109 heran und decken ihre Bomber.

Zu diesem Zeitpunkt steht das Infanterieregiment »Großdeutschland«, dem die Hauptaufgabe des Angriffs zugedacht ist, samt seinem Kommandeur Oberstleutnant Graf von Schwerin noch 40 Kilometer weit weg auf belgischem Boden. Als Elitetruppe führte es die Tradition des Berliner Garderegiments fort und stellte in Friedenszeiten die Wache am Brandenburger Tor sowie Ehrenwachen bei

Staatsbesuchen. Die Männer mussten eine gewisse Mindestgröße haben und den Namen ihrer Einheit, die stets gesondert kämpfte und für die Lösung besonders schwieriger Aufgaben bestimmt war, auf den Ärmelstreifen tragen. Die Offiziere wurden aus dem ganzen Heer ausgesucht. Drei Monate vor Kriegsbeginn hatte Hitler den Namen des Regiments in »Großdeutschland« geändert, als Symbol für die Einheit aller Deutschen im Dritten Reich. Am Vormittag des 13. Mai wird es nun auf Lastkraftwagen an den Rand des Waldes von Sedan gefahren, von wo aus die Elitesoldaten, beladen mit aufblasbaren Sturmbooten und großen Materialmengen sowie der »eisernen Ration«, in hohem Tempo noch beschwerliche sieben Kilometer durch morastiges Gebiet und das kniehohe Gras feuchter Wiesen hinunter zum Fluss marschieren.

Getreu seinem Grundsatz »Nicht kleckern, klotzen!« gibt Guderian alles, was er verfügbar hat, der 1. Panzerdivision in der Mitte und konzentriert alles auf einer Strecke von nur zwei Kilometern zwischen dem Stadtrand von Sedan und der Halbinsel von Iges, die an dieser Stelle durch eine Maasschleife gebildet wird. Die beiden Flügeldivisionen müssen Teile ihrer Artillerie abgeben, obwohl auch sie den Maasübergang erzwingen sollen. Von verheerender Wirkung ist vor allem der Einsatz des legendären 8,8-Flakgeschützes, das im Polenfeldzug seinen ersten, sich rein zufällig ergebenden »horizontalen« Einsatz hatte. Aufgrund ihrer enormen Durchschlagskraft und Treffsicherheit richtet die »8,8« in den französischen Stellungen schwere Verwüstungen an. Um 15.00 Uhr hört das Stuka-Bombardement schlagartig auf und das Artilleriefeuer wird weiter nach hinten verlegt. Der entscheidende Moment des kunstvollen »Sichelschnitts« ist gekommen, sozusagen die Krise in der Schlacht. Wenn der Maasübergang bei Sedan fehlschlägt und Guderians Speerspitze abgeschlagen wird, dann kann der ganze Feldzug verloren gehen.

Im Schutze der Mauern einer verlassenen Textilfabrik bringen die Pioniere ihre Sturmboote ans Ufer, und unter dem Feuerschutz mehrerer schwerer 8,8-Geschütze steigen die Männer der 7. Führungskompanie von »Großdeutschland« ein und überqueren den hier etwa 70 Meter breiten, dunkel schimmernden Fluss in wenigen Augenblicken, schnell gefolgt, wie es im Winter immer wieder geübt worden war, von der 6. Kompanie. Um 19.00 Uhr hat das Regiment »Großdeutschland« sein Tagesziel erreicht: Es steht auf der Höhe 247, von der aus Moltke vor 70 Jahren die erste Schlacht bei Sedan geführt hat, und stößt sogar bis in den Wald von Marfée vor.

Die Einnahme der Höhen von Marfée bleibt dem motorisierten 1. Schützenregiment von Oberstleutnant Hermann Balck Vorbehalten, einem sehr energischen, später hochdekorierten Offizier, dessen Karriere im Verlaufe des Krieges bis zur Führung einer Heeresgruppe steil aufsteigen wird. Er setzt mit seinen Soldaten gleich hinter dem Regiment »Großdeutschland« über und nimmt die Marféehöhen im Sturm. Am Morgen des 14. Mai haben beide Regimenter auf dem Westufer der Maas einen ungefähr fünf Kilometer breiten und zehn Kilometer tiefen Brückenkopf gebildet. Die Verluste sind trotz des völlig offenen Geländes verhältnismäßig gering. Guderian, der noch am Abend in einem Sturmboot ebenfalls über die Maas geht und von Balck am anderen Ufer mit scherzhaften Bemerkungen über seine »Gondelfahrerei« begrüßt wird, ist mit dem Verlauf des Maasübergangs sehr zufrieden. »Er verlief wie im Manöver«, schreibt er in seinen Erinnerungen. Die ganze Nacht hindurch werden von den Pionieren Brücken und Fähren gebaut. Die erste 16-Tonnen-Pontonbrücke ist bereits kurz nach Mitternacht fertig, so dass der erste Panzer aus der langen Schlange wartender Panzer übersetzen kann.

Der unvorhergesehene Maasübergang der deutschen Truppen bei Sedan löst bei der 2. französischen Armee eine Panik aus. Ihr ganzer linker Flügel bricht zusammen. Nach dem Stuka-Angriff lassen die französischen Kanoniere ihre Geschütze im Stich und verkriechen sich in den Wäldern. Die gesamte Artillerie ist auf der Flucht. Nachdem Guderians Flügeldivisionen im Süden und Norden von Sedan ebenfalls die Maas überquert haben, finden die Männer der 10. Panzerdivision am Morgen des 14. Mai hinter den Höhen von Thélonne französische Artilleriestellungen so vor, wie sie die Kanoniere bei der Flucht verlassen haben. Einige Geschütze sind noch geladen, der Feind hat sich nicht einmal die Zeit genommen, sie unbrauchbar zu machen. Seit Napoleon hat die Artillerie in der französischen Armee eine bevorzugtere Stellung eingenommen als in anderen Armeen, und noch während des Ersten Weltkriegs ist es so gewesen, dass, solange die Artillerie nicht verstummte, auch die Infanterie »hielt«.

»Die Panzer der Boches *(der Deutschen)* sind in Bulson!« – dieses Gerücht gelangt am 13. Mai 1940 bis zu den Stäben und verbreitet sich wie ein Lauffeuer. Die Gefechtsstände werden hastig geräumt, ganze Regimenter ziehen sich ungeordnet zurück. Auch gut disziplinierte Einheiten schließen sich der Operation »Rette sich, wer kann!« an, weil sie glauben, es handele sich um einen ordnungsgemäßen Rückzugsbefehl. Dieser Prozess ist nicht mehr aufzuhalten und führt zum Zusammenbruch einer ganzen Nation. Alle Bemühungen während der folgenden sechs Wochen sind in Wirklichkeit nur die Zuckungen eines Heeres, das bereits geschlagen ist.

In Deutschland verursachen die bedeutsamen Ereignisse der ersten Feldzugswoche wenig Aufregung. Im Zuge der riesigen deutschen Täuschungskampagne erwähnt der deutsche Wehrmachtsbericht erst am 15. Mai zum ersten Mal, dass die Maas bei Sedan überschritten worden sei, und auch die deutschen Rundfunkkommentatoren berichten von den Maasübergängen nur nebenbei. Die deutsche Bevölkerung weiß noch nichts vom gewaltigen Ausmaß des »Sichelschnitts«. Am Pfingstsonntag sitzen die Menschen in den Berliner Cafés am Kurfürstendamm und anderswo und ahnen nicht, dass die drei deutschen Panzerkorps an der Maas in wenigen Tagen an der Kanalküste stehen und den Sack, in den die Masse der alliierten Divisionen Richtung Norden hineingeströmt ist, zumachen werden.

Joseph Goebbels, der mit Beginn des Frankreichfeldzuges ein allgemeines öffentliches Tanzverbot erlassen und die Musik im Rundfunk gänzlich umgestellt hat, notiert am 15. Mai 1940 in seinem Tagebuch: »Auch die Maas bezwungen. Fast unvorstellbare Erfolge. Das Ausland, vor allem auch Amerika, ist starr vor Staunen. In London und Paris bricht tiefer Pessimismus durch … Ein tolles militärisches Debakel für die Gegenseite, dessen Ausmaße und Konsequenzen im Augenblick noch gar nicht übersehen werden können … Abends spät ruft der Führer an, er ist ganz beseligt von den großen Erfolgen. Will wissen, wie die Stimmung im Lande ist.«

Am 15. Mai um 7.30 Uhr morgens erhält Churchill in London einen Anruf des französischen Ministerpräsidenten Paul Reynaud. Er spricht englisch und ist offensichtlich sehr erregt. »Wir sind geschlagen!«, sagt er. »Wir sind besiegt. Wir haben die Schlacht verloren.« Das könne doch unmöglich so schnell geschehen sein, antwortet der britische Premierminister, »Doch, doch!«, entgegnet Reynaud. »Die Front ist bei Sedan durchbrochen worden, die Deutschen strömen in großen Massen mit gepanzerten Kräften durch.« Hat Reynaud schon an diesem Tag gewusst, dass die Ereignisse an der Maas Frankreichs Niederlage bedeuteten? Am 15. Mai 1940 ist der endgültige Sieg zwar noch nicht errungen. Aber es kann kein Zweifel darüber bestehen, dass der Frankreichfeldzug schon vier oder fünf Tage nach seinem Beginn mit dem überraschenden, erfolgreichen Übergang der deutschen Truppen über die Maas entschieden worden ist – auch wenn der Krieg für die Deutschen letztlich mit einer Niederlage endete und sie Frankreich nur wenige Jahre halten konnten.

KATASTROPHE AM YALU

Korea, November 1950 – Januar 1951

Nach dem Ende des Zweiten Weltkriegs und der bedingungslosen Kapitulation Japans im August 1945 kommt es zwischen den USA und der Sowjetunion zum Streit über die Frage, wer an die Stelle der japanischen Truppen treten soll, die bis dahin Korea besetzt hielten. Bereits am 10. August hatte die 25. sowjetische Armee von der Mandschurei aus die Grenze überschritten und einige Städte eingenommen. Um der kommunistischen Expansion entgegenzutreten, möchten sich die Amerikaner gern an der Okkupation Koreas beteiligen. Die bevölkerungsreiche Halbinsel entspricht mit 220.000 Quadratkilometern fast der Größe Großbritanniens. In Washington treten im Pentagon zwei amerikanische Offiziere an die Landkarte und stellen fest, dass der 38. Breitengrad mitten durch das Land geht. Genau hier ziehen sie einen dicken Strich. Südlich davon liegt die Hauptstadt Seoul, der größte Teil der leichten Industrie und das beste Ackerland. Von den insgesamt rund 25 Millionen Einwohnern leben hier mehr als die Hälfte, etwa 16 Millionen. Dafür ist das Territorium des Nordens um ein knappes Drittel größer. Als die Amerikaner den Sowjets nun vorschlagen, nur bis zum 38. Breitengrad vorzurücken, stimmen diese zur Verblüffung der USA zu. Die horizontale Demarkationslinie am 38. Breitengrad teilt das Land fortan in zwei Hälften, ein Zustand, der bis heute anhält. Die Sowjets unterstützen den Norden, die Amerikaner den Süden. Aber die Wiedervereinigung bleibt immer ein Ziel. Deshalb bringen die USA die Frage der

Zukunft Koreas im September 1947 vor die Vereinten Nationen. Bei Enthaltung des gesamten Ostblocks beschließt die Vollversammlung, dass in Korea umgehend freie Wahlen durchgeführt werden sollen. Nach der Erringung staatlicher Unabhängigkeit sollen alle ausländischen Truppen das Land verlassen.

Nachdem die Sowjets eine kommunistische Regierung unter dem stalinistischen, absolut linientreuen Kim Il-Sung installiert haben und im September 1948 die Demokratische Volksrepublik Nordkorea ausgerufen wurde, verlässt die Rote Armee das Land. Im Juni 1949 ziehen auch die amerikanischen Truppen aus Südkorea ab, wo 1948 Rhee Syngman zum Präsidenten der Republik Südkorea gewählt wurde. Aber sein rücksichtsloses Regime gleicht bald ebenfalls eher einer Diktatur als einer Demokratie. Die beiden Staaten liegen fortwährend im Streit, und die Grenzzwischenfälle am 38. Breitengrad häufen sich immer mehr. Daraufhin marschieren am 25. Juni 1950 mit Billigung Moskaus und unter stillschweigender Duldung des Nachbarstaates China überraschend 135.000 hoch motivierte Soldaten der nordkoreanischen Volksarmee mit zehn Divisionen in Südkorea ein und rücken, unterstützt von russischen Panzern, Artilleriegeschützen und Kampfflugzeugen, nach Süden vor.

Noch am Abend des 25. Juni verurteilt der Weltsicherheitsrat in Abwesenheit des sowjetischen Delegierten Jalow Malik den Angriff und verfügt in einer Resolution einstimmig den Rückzug der kommunistischen Truppen hinter die Demarkationslinie. Und ebenfalls am ersten Tag des Krieges erklärt US-Präsident Harry S. Truman (1884–1972), ohne den Kongress zu befragen, die Amerikaner würden

Südkorea jetzt sofort »im Rahmen einer UN-Polizeiaktion« unterstützen, um die Kommunisten aufzuhalten. Damit entspricht der Präsident, der 1948 für die Demokratische Partei mit nur wenigen Stimmen Vorsprung für eine zweite Amtszeit wieder gewählt worden war – eine amerikanische Zeitung hatte schon seine Niederlage gemeldet – voll seiner im März 1947 verkündeten »Truman-Doktrin«. Sie begründete von westlicher Seite den sogenannten Kalten Krieg. Nun wird daraus in Korea ein »heißer« Krieg. Bereits am 27. Juni 1950 greifen amerikanische Luft- und Seestreitkräfte ein und am 30. Juni auch amerikanische Landstreitkräfte. Ihre Legitimation erhalten sie durch einen vom UNO-Generalsekretär Trygve Lie herbeigeführten Beschluss des Sicherheitsrates vom 27. Juni. Darin werden die Mitgliedsstaaten aufgefordert, »der Republik Südkorea jede Unterstützung zu gewähren, die erforderlich ist, um den bewaffneten Angriff zurückzuweisen und den internationalen Frieden und die Sicherheit des Gebietes wiederherzustellen«. Nur Jugoslawien stimmt dagegen, der sowjetische Delegierte ist noch immer abwesend.

Oberbefehlshaber der internationalen Truppen wird ein gefeierter Held des Zweiten Weltkriegs und meistdekorierter Soldat in der Geschichte der amerikanischen Streitkräfte: General Douglas MacArthur. Er hat eine glänzende militärische Karriere hinter sich. Als 1880 in Arkansas geborener Sohn einer militärisch und politisch engagierten Familie steigt er schon im Ersten Weltkrieg zum jüngsten Brigadegeneral der US-Army auf, wird 1930 deren Stabschef und im März 1942 Oberbefehlshaber der alliierten Truppen im Südwestpazifik. In diesem ebenso bewunderten wie oft angefeindeten und verabscheuten, aber stets ehrenhaften und mutigen Mann, der 1948 für die Republikaner vergeblich versucht, Präsident der Vereinigten Staaten zu werden, steckt das Talent eines großen Redners, Propheten, Schauspielers und – wie seine Gegner behaupten – auch Schwindlers. Seine Verehrer dagegen sehen in seiner nicht selten grotesken Extravaganz das Gewand eines Genies. Dieser nicht unumstrittene »General of the Army«, was dem Rang eines Feldmarschalls entspricht, erhält nun im Juni 1950 den Auftrag, einen »begrenzten Krieg« zu führen und Südkorea im Rahmen der »UN-Polizeiaktion« zu unterstützen.

Nach einer glänzenden, von ihm geplanten und mit hohem Risiko erfolgten Landung von 70.000 Amerikanern am 15. September 1950 bei Incheon im Rücken der nordkoreanischen Armee und nach Durchführung einer gewagten Zangenoperation, die zur Rückeroberung Seouls und der Gefangennahme von 125.000 feindlichen Soldaten führt, sieht alles danach aus, als könnten die überlegenen US-Truppen den Koreakrieg schnell und erfolgreich beenden. Die Armee des nordkoreanischen Aggressors ist zerschlagen und Kim Il-Sungs Abenteuer kläglich gescheitert. Die Republik Südkorea ist befreit. Über Rundfunk fordert MacArthur den Gegner am 2. Oktober 1950 vergeblich zur Kapitulation auf. Der amerikanische Außenminister John F. Dulles erklärt, die Aggressoren hätten auch in Nordkorea kein Bleiberecht, ein erster unverhüllter Hinweis darauf, die Amerikaner könnten auch in Nordkorea einmarschieren. Die sowjetische Antwort ist undurchsichtig. Joseph Stalin (1878–1953) schlägt vor, alle fremden Truppen sollten sich sofort aus Korea zurückziehen und dann sollten in beiden Landesteilen gemeinsame Wahlen stattfinden.

Ungeachtet dessen stoßen die Amerikaner am 4. Oktober 1950 über die alte Grenzlinie vor, den 38. Breitengrad.

Drei Tage später beschließt die UNO-Vollversammlung mit 47:5 Stimmen, vor Wahlen zu einer gesamtkoreanischen Regierung »alle erforderlichen Schritte zu ergreifen, um die Bedrohung für die Stabilität innerhalb von Korea zu sichern«. Eine vieldeutige Formulierung, die im Klartext jedoch nichts anderes bedeutet, als dass die »Polizeiaktion« auf Nordkorea mit dem Ziel ausgedehnt werden darf, den gesamtkoreanischen Staat wiederherzustellen. Dem Angreifer soll endgültig das Handwerk gelegt werden. Zum ersten Mal betreten Kampftruppen der Vereinten Nationen ein kommunistisches Land. Die 8. US-Armee unter General Walton H. Walker soll die nordkoreanische Hauptstadt Pjöngjang einnehmen und dann weiter nordwärts bis an den koreanisch-chinesischen Grenzfluss Yalu vorstoßen. Der Yalu entspringt im über 2000 Meter hohen chinesischen Changbai-Gebirge und mündet nach 813 Kilometern zwischen den Städten Sinuiju (Nordkorea) und Dandong (China) ins Gelbe Meer.

Pjöngjang, eine menschenleere Geisterstadt mit unbesetzten Barrikaden, fällt bereits am 19. Oktober. Kim Il-Sung und seine kommunistische Regierung sind längst geflohen, ein schneller, totaler Sieg zeichnet sich ab. Doch eine umständliche Landeoperation, bei der das X. amerikanische Korps nach MacArthurs Plan mit 200 Schiffen über 1400 Kilometer um ganz Korea herumgeschifft wird, um bei Wonsan an der Nordostküste im Rücken des Feindes zu landen, kostet viel Zeit und zieht sich bis zum November hin. Zu Lande wäre der Weg quer über die Halbinsel nur 200 Kilometer weit gewesen. Der harte koreanische Winter steht bevor, mit viel Schnee und sibirischer Kälte. Eile ist nun wirklich geboten, denn die amerikanischen Truppen besitzen keinerlei Winterausrüstung. General MacArthur versichert seinem Präsidenten Truman, der im November Kongresswahlen zu bestehen hat, »spätestens am Thanksgiving Day ist der Krieg zu Ende!« Das ist das amerikanische Erntedankfest, der letzte Donnerstag im November. Und in Amerika glaubt man das auch. Nordkorea scheint bereits besiegt und in wenigen Tagen wird man am Yalu stehen. Wer sollte den Vormarsch des von UNO-Soldaten unterstützten Expeditionskorps, alles in allem 310.000 Mann, noch aufhalten? Die weltkriegserfahrenen Amerikaner haben die kampftüchtigsten, am besten ausgerüsteten Truppen aller Nationen. Und ein großer Teil davon, Eliteeinheiten wie die US-Marines, steht in Korea. Nein, es besteht kein Zweifel, Nordkorea wird nun der Demokratie zurückgewonnen werden. Und Botschafter Averell Harriman spricht schon von »Entkommunisierungen«.

Am 23. Oktober macht ein südkoreanisches Regiment auf halber Strecke zwischen Pjöngjang und dem Yalu einen merkwürdigen Gefangenen in einer außen senffarbenen, innen weiß gefütterten, beidseitig tragbaren Tarnuniform. Ob er Koreaner sei, wollen die beiden Generäle, die ihn vernehmen, wissen. Nein, antwortet der Mann, er stamme aus der Kwantung-Provinz und gehöre der 39. chinesischen Armee an. In den umliegenden Bergen ständen seine Kameraden zu Zehntausenden. General Walker kommentiert die Anwesenheit von Chinesen in Korea mit der Bemerkung, es würden ja auch viele Amerikaner in Texas leben. Aber er gibt die Meldung umgehend an MacArthurs Hauptquartier in Tokio weiter. Dort wiegelt man ab, das sei vollkommen unbestätigt, heißt es. Eine chinesische Intervention sei schon aus rein taktischen Gründen höchst unwahrscheinlich, sie käme viel zu spät. Noch vor dem Einmarsch amerikanischer Truppen in Nordkorea hatte Truman besorgt gefragt, ob denn eine Einmischung der chinesischen oder sowjetischen Kommunisten zu befürchten sei, und MacArthur hatte das entschieden verneint. In der Mandschurei ständen zwar 300.000 Chinesen, aber nur ein Drittel davon am Yalu. »Sie hätten die schwersten Probleme, mehr als 50.000 über den Fluss zu kriegen.« An Luftunterstützung fehle es völlig. Und die, die es dennoch hinüber schafften, würden in einer »allergrößten Schlächterei« sofort vernichtet werden.

Auch die Warnungen der Briten, die Rotchina im Gegensatz zu den Amerikanern diplomatisch anerkannt haben und ein Konsulat in Mukden unterhalten, werden beiseite geschoben. Sie hatten Truppenbewegungen in der Mandschurei beobachtet und festgestellt, dass KP-Funktionäre in Schneidereien Nähmaschinen beschlagnahmten, um Uniformen nähen zu lassen. England schlägt vor, südlich des Yalu eine Pufferzone einzurichten, die gemeinsam von den Chinesen und der UN überwacht werden solle. Dies sei ein untauglicher Besänftigungsversuch, äußert sich MacArthur gegenüber seinen Vorgesetzten und weist sie lapidar darauf hin, »der historische Präzedenzfall dafür« seien »die Vereinbarungen vom 29. September 1938 in München«. Auf dieser Konferenz führte die britische Beschwichtigungspolitik dazu, dass sich Hitler durchsetzte und die Abtretung des Sudetenlandes durch die Tschechoslowakei an das Deutsche Reich bestätigt wurde.

Als amerikanische Truppen auf ihrem Vormarsch zum Yalu Munitionsdepots mit in Korea nicht verwendeten

Typen entdecken und von Bauern bestätigt bekommen, Chinesen hätten sie angelegt, verstärkt sich der Verdacht einer chinesischen Intervention. Kundschafter berichten, auf der Autostraße von Onjong nach Pukchin würden Verbände marschieren, die sich in einer fremden Sprache unterhalten. Und dann wird es zur plötzlichen Gewissheit: Immer mehr amerikanische Soldaten werden von wie aus dem Nichts auftauchenden, mit Maschinenpistolen bewaffneten Männern in gelben Uniformen mit dem wiederholten lauten Schrei »Jiaoqiang busha!« umzingelt. Sie brauchen eine Weile, um zu begreifen, dass dies chinesische Worte sind, die bedeuten, ihr Leben werde geschont, wenn sie die Waffen niederlegen.

Am 21. November erreichen amerikanische Vorausabteilungen den Yalu, ohne zu wissen, dass zu diesem Zeitpunkt bereits über 100.000 Chinesen in Nordkorea »eingesickert« sind. Und täglich werden es mehr. In dick gepolsterten Uniformen, Schuhen aus Tuch mit Kreppsohlen und einer spitzen Mütze mit einem roten Sternabzeichen auf dem Kopf kommen die »Volksfreiwilligen«, geschickt getarnt, nachts über den Fluss, verstecken sich in den Bergen und abgelegenen Dörfern und werden von der Luftaufklärung nicht entdeckt. Auf Kompanieebene beruht ihre Kommunikation auf Läufern sowie Signalen mit Hörnern, Pfeifen, Zimbeln und Leuchten. Sie führen leichte Granatwerfer mit sich sowie moderne rückstoßfreie Infanteriegeschütze sowjetischer Bauart, die bequem von zwei Mann getragen werden können. Aber ansonsten verfügen sie nur über Schnellfeuergewehre, Handgranaten, Minen und Stacheldraht – im Prinzip nicht mehr als eine Infanterieausrüstung des Ersten Weltkriegs.

Ahnungslos folgen die GIs dem Befehl MacArthurs, über den Chongchon zu setzen und am Yalu entlang zu marschieren, um mit zwei Zangenarmen die restlichen nordkoreanischen Truppen einzukesseln und zu vernichten. Diese »Home by Christmas«-Offensive soll den Krieg beenden. Sie sieht auf dem Papier gut aus, versäumt aber, die raue Bergnatur des Geländes und das subarktische Klima zu berücksichtigen. Der Winterfeldzug der Amerikaner entwickelt sich daher mehr und mehr zu einer Expedition ins Unbekannte. Zwischen den beiden Zangenarmen klafft eine Lücke von rund 70 Kilometern. Genau in dieser Lücke sammeln sich die Chinesen zum Großangriff, während die Amerikaner den endgültigen Sieg dicht vor Augen wähnen. Ihr Marsch führt direkt in die Katastrophe, der schlimmsten der amerikanischen Kriegsgeschichte.

Verantwortlich dafür ist im Grunde ein 56-jähriger Bauernsohn aus der zentralchinesischen Provinz Hunan, dessen Name so viel bedeutet wie »Salbe den Osten«: Mao Tsetung (1893–1976). Nachdem er am 1. Oktober 1949 vor den jubelnden Massen mit den Worten »China ist wiederauferstanden!« die Volksrepublik China gegründet und das Amt des Vorsitzenden der Kommunistischen Partei und der Zentralen Volksregierung übernommen hat, wird er nach brutalen Säuberungsaktionen und Hinrichtung aller nicht-konform denkenden Partei- und Regierungsmitglieder nicht nur zu einem der größten Massenmörder des 20. Jahrhunderts, sondern auch zum Alleinherrscher eines Riesenreiches und einem der mächtigsten Männer der Welt, der unangefochten, mit seiner skrupellosen Ehefrau Jiang Qing an der Seite, über ein Viertel der Weltbevölkerung gebietet. Später wird der gewaltbereite und grausame, kühl kalkulierende Machtstratege ganz China in ein gigantisches Arbeits- und Straflager verwandeln und mit rücksichtslosem Terror die Kultur von Jahrhunderten vernichten. Mao hasst Amerika, und 1950 will er unbedingt den Krieg. Stalin schickt ihm jede Menge Waffen und Ausrüstung, so dass er die Auseinandersetzung mit dem ideologischen Feind wagen kann, zunächst heimlich und verdeckt, aber mit vollem Einsatz.

Inzwischen ist Mao jedoch klar geworden, dass Chinas Eintritt in den Koreakrieg nicht länger verheimlicht werden kann. Sein Stabschef Peng Dehuai und Lin Biao, der Befehlshaber Nordostchina/Mandschurei, raten dazu, dass die Divisionen der drei chinesischen Armeen, die mittlerweile auf koreanischem Boden operieren, sofort angreifen sollen, wenn sie amerikanische Einheiten vor sich sehen. Angreifen, einkesseln, vernichten, das ist ihre simple Strategie. Aus Peking sind nun scharfe, unmissverständliche Erklärungen zu hören, die einer Kriegserklärung gleichkommen. »Hilfe für Korea!« heißt es und »Unseren Nachbarn retten, heißt uns selber retten!« Die US-Imperialisten und ihre Komplizen hätten »ihren Angriffskrieg blindwütig über den 38. Breitengrad geschoben« China werde diese Aggression jetzt stoppen. Noch sind seine Soldaten in Korea zwar zahlenmäßig und vor allem in der Ausrüstung unterlegen. Doch Mao setzt, wie zehn Jahre zuvor schon Hitler, auf schonungslose Härte, fanatischen Aufopferungswillen sowie Mut und Ausdauer seiner »Volksfreiwilligen«.

In der Nacht zum 10. November sinken die Temperaturen in Korea auf minus 20 Grad und Ende November sogar auf 35 Grad unter Null. Vor allem auf den Hochebenen der vielen Stauseen weht ein scharfer sibirischer Wind aus Norden, und Flüsse und Seen frieren zu, auch der Yalu. Das Öl in den Gewehr- und Geschützverschlüssen friert ein, die Panzer springen nicht mehr an, die Lastkraftwagen bleiben im tiefen Schnee stecken und werden in Brand gesteckt. Die Haut bleibt kleben, wenn Metall ohne Handschuhe angefasst wird. Fast 2500 Marineinfanteristen sterben an Erfrierungen. Für militärische Operationen ist das bergige Gelände zwischen dem Chongchon im Westen und dem riesigen System künstlicher Becken des Chosin-Stausee im Osten höchst ungeeignet. »Selbst ein Dschingis Khan hätte es nicht angerührt«, stellt später der Kommandeur der 1. US-Marinedivision fest. Die weglose, hügelige Einöde verwehrt jegliche Motorisierung.

Am 25. November 1950 ziehen die an der Spitze marschierenden Kompanien der 2. US Division »Indianhead«, die zu Walkers 8. Armee gehört, bei heftigem Schneesturm durch die Hügel am östlichen Ufer des Chongchon. Das nahezu weglose Gelände lässt es nicht zu, dass sie sich in breiten Formationen fortbewegen. Die GIs bilden lange Marschsäulen, meist in Zweierreihen, oft nur Mann hinter Mann. Das macht sie anfällig für Flankenangriffe. Werden sie von den Seiten her attackiert, können sie leicht Abschnitt für Abschnitt aufgerieben werden. Aber sie rechnen nicht mit solchen Überfällen. Von den Resten der nordkoreanischen Armeen droht ihnen kaum noch Gefahr, das wissen sie. Was sie nicht wissen, ist, dass Tausende in Erdlöchern und Felsspalten verborgene, gut getarnte chinesische Soldaten sie bereits kampfbereit erwarten. Ähnlich ahnungslos – und in ähnlicher Marschformation – sind 9 n. Chr.

drei römische Legionen des Varus durch den unwegsamen Teutoburger Wald marschiert. Plötzlich wurden sie von den in Bäumen und Buschwerk versteckten Cheruskern des Arminius und anderen germanischen Stämmen von allen Seiten attackiert und in einer mehrtägigen Schlacht nahezu bis auf den letzten Mann vernichtet. Den keuchend durch den Schnee stapfenden amerikanischen Infanteristen ist an diesem 25. November 1950 nicht bewusst, dass sie sich in einer gleichartigen Lage befinden. Mit gellendem Geschrei und geballten Fäusten springen plötzlich von überall her chinesische »Volksfreiwillige« aus dem Hinterhalt hervor und stürzen sich wie eine aufgehetzte Hundemeute auf den Feind. Sie sind schlechter ausgerüstet als die Amerikaner, in deren Reihen manch hochdekorierter Veteran aus dem Zweiten Weltkrieg steht, und besitzen kaum Kampferfahrung. Aber wenn es ihnen erst gelungen ist, an den Gegner heranzukommen, dann setzen sie ihre Stärke ein, den erbarmungslosen Bodenkampf Mann gegen Mann. Die völlig überraschten Amerikaner versuchen verzweifelt, eine Gefechtslinie zu bilden und die heranstürmenden Chinesen mit Handgranaten und Maschinengewehrfeuer aufzuhalten. Menschenwelle um Menschenwelle rennt mit fanatischer Todesverachtung in das Maschinengewehrfeuer, sinkt zu Boden, worauf die nächste folgt, bis es schließlich gelingt, die Amerikaner abschnittsweise zu umzingeln und im Nahkampf niederzumachen. Ein größerer Schock ist für eine Truppe kaum denkbar. Die Chinesen haben zwar in diesem zwei Tage dauernden Gemetzel 25.000 Tote und 12.500 Verwundete zu beklagen, aber inzwischen stehen 18 Divisionen von ihnen mit mehr als 180.000 Mann im Einsatz.

Um einer vollständigen Umschließung zu entgehen, befiehlt General Walker den sofortigen Rückzug der 8. Armee, besser gesagt dessen, was noch von ihr übrig ist. Bereits in den ersten Tagen der chinesischen Offensive über den Yalu hat sie 11.000 Mann verloren. Die GIs lassen schwere Waffen, Millionen Dollar schwere Ausrüstungsgegenstände und alle Verwundeten auf dem Schlachtfeld zurück und rennen Richtung Süden um ihr nacktes Leben. Ein unglaublicher Anblick. In zehn Tagen legen sie in panischer Flucht 180 Kilometer zurück und überqueren am 15. Dezember wieder den 38. Breitengrad. Seit der Niederlage Frankreichs im Mai 1940 gegen die Deutschen ist ein solches Fiasko nicht mehr gesehen worden. Auch die Reste des abgeschnittenen X. US-Korps und der Marine-Infanteriedivision erreichen im Osten die Küstenstadt Hungnan, wo eine Flotte von 193 Schiffen bereitliegt, um über 100.000 Soldaten, drei amerikanische und zwei südkoreanische Divisionen sowie ein britisches Bataillon, dazu 91.000 koreanische Zivilisten sowie 350.000 Tonnen Nachschubmaterial aufzunehmen und nach Pusan zu evakuieren. Am 23. Dezember verlässt der letzte amerikanische Soldat Nordkorea. An diesem Tag verunglückt General Walker, der Befehlshaber der 8. Armee, mit seinem Jeep auf vereister Straße tödlich. Am 4. Januar 1951 erobern die Chinesen Seoul. Drei Tage später schreibt der Gefreite James Cardinal vom 5. Kavallerieregiment an seine Eltern in New York: »Es sieht aus wie der Anfang vom Ende. Die Chinesen treten der US-Army den Arsch aus der Hose ... Wir haben alle das Gefühl, dass wir verladen worden sind.«

Die chinesischen »Volksfreiwilligen« haben südlich des Yalu ganz ohne den Einsatz von Panzern und schwerer Artillerie einen zwar verlustreichen, aber eindeutigen Sieg errungen, den auf westlicher Seite niemand erwartet hat. In Peking jubeln die Massen. Nach dem Fall Seouls verkündet Mao Tse-tung, er werde die Amerikaner ins Meer jagen. Die Überlegenheit der Imperialisten zur Luft und See, in Panzern und Artillerie habe sich gegenüber der Unbesiegbarkeit der Volksfreiwilligen als unnütz erwiesen.

Schon am 9. Dezember schreibt der 66-jährige, aus einer Farmerfamilie stammende Harry S. Truman in sein Tagebuch, er habe seit über fünf Jahren unermüdlich für den Frieden gearbeitet, doch nun sehe es so aus, als stände der Dritte Weltkrieg vor der Tür. In der Tat äußert der Präsident, der am 16. Dezember den nationalen Notstand ausgerufen hat, in der Öffentlichkeit klar und deutlich, Amerika werde alle nötigen Schritte unternehmen, die militärische Lage zu meistern. Das schließe den Einsatz aller Waffen ein, über die Amerika verfüge. Schließlich hat Truman im August 1945 im Krieg gegen Japan schon einmal Atombomben auf Hiroshima und Nagasaki werfen lassen. General MacArthur erklärt öffentlich, Amerika dürfe nicht davor zurückschrecken, auch Rotchina mit Atombomben niederzuzwingen. Zumindest sei eine sofortige Bombardierung mit konventionellen Waffen erforderlich. »Industrie und Rohstoffquellen Chinas müssen mit vernichtenden Schlägen von Schiffsartillerie und Bombern so zerstört werden, dass das Land auf Generationen keinen Krieg mehr führen kann.«

Aber selbst ein begrenzter »Heimzahlungskrieg« gegen China, wie ihn die amerikanischen Militärs zunächst ins Auge fassen, würde den Freundschafts- und Bündnisvertrag zwischen China und der Sowjetunion aktivieren. Truman erklärt auf einer Konferenz, diese Möglichkeit bereite ihm ernstes Kopfzerbrechen, denn dann würde Stalin mit seinem enormen Atomwaffenpotenzial in den Krieg eingreifen. Im Januar 1951, als die Chinesen den Gipfel ihres Triumphs feiern, ruft Stalin seine europäischen Verbündeten nach Moskau und versichert ihnen, es habe sich klar gezeigt, dass die USA keine unbesiegbare Macht mehr seien. »Sie werden nicht einmal mit einem kleinen Krieg wie dem in Korea fertig.« Kurze Zeit später lässt er zusätzliche sowjetische Luftdivisionen an den Yalu verlegen, um die Nachschubwege aus der Mandschurei zu schützen. Im Hafen von Wladiwostok liegen in verdächtiger Konzentration sowjetische U-Boote, und auf der Insel Sachalin steht eine bestens ausgerüstete Bodentruppe bereit.

Einen Dritten Weltkrieg wollen die Amerikaner jedoch nicht riskieren. Truman sieht sich durch die fortgesetzten Kriegsparolen seines in den USA sehr populären Oberbefehlshabers in Korea in seiner Autorität als Präsident herausgefordert. In einer spektakulären Aktion lässt er deshalb am 11. April 1951 MacArthur ablösen und durch General Matthew B. Ridgway ersetzen. Den Radiohörern verkündet er in einer Ansprache, er habe MacArthur entlassen müssen, »um einen Dritten Weltkrieg zu vermeiden«.

Ridgway ist ebenfalls ein Veteran des Zweiten Weltkriegs, in dem er sich als Kommandeur der 82. Fallschirmjägerdivision in Sizilien und der Normandie auszeichnete, und steht im Ruf eines zähen, humorlosen Soldaten. In Korea stellt er sofort die Taktik um und lernt vom Feind. Statt langer Marschsäulen besteht die Gefechtsordnung der Infanterie nunmehr überwiegend aus Karrees, die sich fast wie einst die »Schildkröten« der römischen Legionäre fortbewegen. Ridgway startet die Operation »Thunderbolt« mit der 25. US-Infanteriedivision an der Spitze. Die Chinesen werden zurückgedrängt und verlieren binnen sechs Tagen 4000 Mann. In hinhaltenden Zermürbungskämpfen, die sich noch zwei Jahre hinziehen, gelingt es Ridgway, den Zustand vor Beginn des Krieges wiederherzustellen. Seoul wechselt zum vierten Mal, und diesmal endgültig, den »Besitzer«. Bis zum Ende des Krieges verlieren China und Nordkorea schätzungsweise 1,5 Millionen Mann, Südkorea 450.000, die Amerikaner 33.000 und andere Nationen 3000 Soldaten. Im Juli 1953 wird in Panmunjon ein Waffenstillstandsabkommen unterzeichnet, in dem die Grenze zwischen Nord- und Südkorea erneut auf den 38. Breitengrad festgelegt wird. Der Dritte Weltkrieg, der nach der Katastrophe am Yalu unmittelbar bevorzustehen schien, findet nicht statt.

DAVID UND DER »KRIEG DER STERNE« – EIN NACHWORT

Auch nach dem Koreakrieg, der nun schon einige Jahrzehnte zurückliegt, hat es auf unserem Planeten kriegerische Auseinandersetzungen gegeben. Doch der ganz große Krieg, der Dritte Weltkrieg oder das Armageddon, die letzte große Schlacht der Menschheitsgeschichte, hat bisher nicht stattgefunden. Allen Voraussagen der Propheten, Seher und Wahrsager zum Trotz ist die Apokalypse bisher ausgeblieben. Berechtigt das zu der Annahme, dass alle Kriege auf unserer Erde fortan durch einen ständigen, dauerhaften Frieden ersetzt werden? Wir hoffen es sehnlichst, aber wahrscheinlich vergeblich. Wir alle wollen den Krieg nicht. Dennoch ist er leider, wie schon der um 480 v. Chr. gestorbene griechische Philosoph Heraklit wusste, »der Vater aller Dinge«. SeitUrzeiten hat es Kriege gegeben, der Nahrung wegen, um Landbesitz oder später aus ideologischen Gründen. Unsere Geschichte ist voll von Kampf und Streit, von Mord und Totschlag. Und es scheint fast so, als könnten die Menschen nicht ohne Kriege auskommen. Ein schrecklicher Gedanke, über den uns auch Aristoteles' Erkenntnis, der Krieg sei nur um des Friedens willen da, kaum hinwegtrösten kann. Unzählige Menschen sind durch Kriege umgekommen. Aber stets gab es welche, die in allen Trümmern »wieder von vorn anfangen« konnten. Kultur und Zivilisation überlebten. Und immer wieder folgten den Kriegen Perioden des Friedens. Den Gedanken, eines Tages könnte es keine Überlebenden mehr geben, die miteinander Frieden schließen, wollen wir lieber nicht zu Ende denken.

Das brutale und grausame Geschäft des Krieges, nach Clausewitz »ein Akt der Gewalt, um den Gegner zur Erfüllung unseres Willens zu zwingen«, wird auch weiterhin wie ein Damoklesschwert über der Menschheit schweben. In den kommenden Jahrhunderten wird sich die Art und Weise der Kriegsführung allerdings grundlegend ändern. Der Lauf der Geschosse wird nicht mehr von Menschenhand gesteuert, sondern durch daumennagelgroße Mikrochips. Das hat sich schon in den letzten beiden Golfkriegen gezeigt. Die künstliche Intelligenz holt uns ein und überholt uns wahrscheinlich sogar. Bar aller menschlichen Schwächen und Tugenden werden vielleicht einmal selbstständig denkende Roboter in den Weiten des Weltraums die Schlachten schlagen.

Es ist nicht auszuschließen, dass es auch in einem solchen »Krieg der Sterne« zu Konstellationen kommen kann, in denen eine vermeintlich schwächere Macht einem mächtigen, zahlenmäßig weit überlegenen Feind gegenübersteht. Wird eine überaus hohe und ausgefeilte Technologie der Waffen dann dazu führen, dass stets der Stärkere gewinnt? Hat David dann ausgedient? Vermutlich nicht. Auch in einem solchen Szenario wird eine überlegene Strategie letztlich den Ausschlag geben. Auch als Roboter wird der »Underdog« weiterhin seine Chance haben. Wenn er eine unkonventionelle, überraschende Strategie wählt, wozu künstliche Intelligenz vermutlich durchaus in der Lage sein wird, hat er gute Aussichten, das Schlachtfeld als Sieger zu verlassen. Wenn David sich entscheidet, nicht nach den Regeln des Goliath zu kämpfen, wird er auch in einem »Krieg der Sterne« bestehen und es wird auch im Weltall zu verblüffenden Siegen kommen. Oder wer weiß: Vielleicht schafft künstliche Intelligenz auch das, wozu der Mensch offenbar nicht in der Lage ist: dauerhaft Frieden zu halten.

Quellen- und Literaturverzeichnis

Buchveröffentlichungen

Andres, Stefan, »Die biblische Geschichte«, Droemer Knaur, München, 1965

Aretz, Paul und Gertrude (Hrsg.), »Napoleon I. Mein Leben und Werk« (Auswahl), Deutsche Buchgemeinschaft, Berlin, 1936

Bamm, Peter, »Alexander oder Die Verwandlung der Welt«, Droemersche Verlagsanstalt, Zürich, 2. Auflage, 1971

Barceló, Pedro, »Hannibal. Stratege und Staatsmann«, Klett-Cotta, Stuttgart, 2004

Bruce, Evangeline, »Napoleon und Josephine«, Scherz Verlag, Bern, München, 1996

Cartier, Raymond, »Der Zweite Weltkrieg«, Piper Verlag, München, 1975

Catt, Henri de, »Die Tagebücher 1758-1760« (Hrsg. Paul Hartig), Deutscher Kunstverlag, München, Berlin, 1986

Clausewitz, Carl von, »Vom Kriege«, Ullstein Verlag, Berlin, 3. Auflage, 2002

Cowley, Robert (Hrsg.), »Was wäre gewesen, wenn?«, Knaur Verlag, München, 2000

David, Saul, »Die größten Fehlschläge der Militärgeschichte«, Heyne Verlag, München, 2. Auflage, 2001

Davis, Lee, »Das große Lexikon der Naturkatastrophen«, V. F. Sammler, Graz, 2003

Demandt, Alexander (Hrsg.), »Das Ende der Weltreiche«, C. H. Beck Verlag, München, 1997

Diwald, Hellmut, »Der Kampf um die Weltmeere«,
Droemer Knaur, München, Zürich, 1980

Dorn, Günter; Engelmann, Joachim, »Die Schlachten
Friedrichs des Großen«, Bechtermünz Verlag, Eltville,
1996

Ferris, Fredrick L., »The Two Battles of Trenton«, in
»A History of Trenton«, The Trenton Historical Soci-
ety, Trenton, 1929

Firnkes, Manfred, »Die Sachsenkönige und -kaiser«, in:
»Deutsche Geschichte«, Band 1 (Hrsg. Heinrich
Pleticha), Verlagsgruppe Bertelsmann, Gütersloh, 1981

Förster, Stig; Pöhlmann, Markus; Walter, Dierk (Hrsg.),
»Schlachten der Weltgeschichte«, C. H. Beck Verlag,
München, 2. Auflage, 2002

Follet, Ken, »Die Tore der Welt«, Lübbe Verlag, Bergisch
Gladbach, 2008

Fraschka, Günter, »Mit Schwertern und Brillanten«,
Universitas, München, 10. Auflage, 2002

Friedrich der Große, »Gedanken und Erinnerungen«,
Werke, Briefe, Gespräche, Gedichte, Erlasse, Berichte
und Anekdoten, Phaidon Verlag, Essen, Reprint der
2. neubearbeiteten Auflage, 1910

Friedrich, Jörg, »Yalu. An den Ufern des Dritten Weltkriegs«, Propyläen, Berlin, 2007

Frommer, Hansjörg, »Spindel, Kreuz und Krone«, Fourier
Verlag, Wiesbaden, 1996

Goebbels, Joseph, »Tagebücher«, Piper Verlag, München,
2. Auflage, 2000

Görlitz, Walter, »Geschichte des deutschen General-
stabes«, Bechtermünz-Verlag, Lizenzausgabe Weltbild-
Verlag, Augsburg, 1997

Großer Generalstab (Hrsg.), »Der Siebenjährige Krieg«,
Band 6 »Leuthen«, Ernst Siegfried Mittler und Sohn,
Berlin, 1904

Härlin, Hans, »Leuthen«, in: »Schicksalsschlachten der
Deutschen Geschichte«, Franckh'sche Verlagsbuch-
handlung, Stuttgart, 1933

Haffner, Sebastian; Venohr, Wolfgang, »Preußische
Profile«, Ullstein Verlag, Berlin, 1986

Haffner, Sebastian, »Preußen ohne Legende«, Goldmann
Verlag, München, 3. Auflage, 1990

Haller, Daniel, »Über die Maas«, in: »Der Zweite
Weltkrieg. Der Schritt über die Grenzen«,
Historische Dokumentation, Band 4, John Jahr
Verlag, Hamburg, 1975

Herodot, »Neun Bücher zur Geschichte«, Marix Verlag,
Wiesbaden, 2004, Neubearbeitung der Ausgabe
Berlin-Schöneberg, 1898

Hertslet, William Lewis; Hofmann, Winfried, »Der
Treppenwitz der Weltgeschichte«, Ullstein Verlag,
Berlin, 7. Auflage, 1995

Heuss, Alfred, »Das Zeitalter der Revolution«, in »Propyläen Weltgeschichte«, IV, 1 »Die römische Welt«,
Ullstein Verlag, Berlin, 1976

Heydecker, Joe J., »Der große Krieg 1914–1918«, Ullstein
Verlag, Berlin, 1997

Höfer, Manfred, »Die Kaiser und Könige der Deutschen«,
Bechtle Verlag, München, Esslingen, 1994

Home, Alistair, »Der Frankreichfeldzug 1940«, Molden-
Taschenbuch-Verlag, Wien, München, 1976

Horne, Alistair, »Des Ruhmes Lohn«, Lübbe Verlag,
Bergisch Gladbach, 1980

Huf, Christian (Hrsg.), »Quo vadis. Schicksalsstunden der Menschheit«, Lübbe Verlag, Bergisch Gladbach, 1997

Irving, David, »Rommel«, Hoffmann und Campe Verlag, Hamburg, 1978

Keegan, John, »Die Maske des Feldherrn«, Beltz Quadriga Verlag, Weinheim, 1997

Klein, Günther, »Der Gott, der versagt hat. Die Ermordung Gaius Iulius Caesars«, in: »Quo vadis. Schicksalsstunden der Menschheit« (Hrsg. Hans-Christian Huf), Lübbe Verlag, Bergisch Gladbach, 1997

Klein, Tim (Hrsg.), »Die Befreiung« (1813-1815), Wilhelm Langewiesche-Brandt Verlag, München, 1913

Koch, Hannsjoachim, »Geschichte Preußens«, Lizenzausgabe für Bertelsmann Club, Gütersloh, mit Genehmigung des List Verlages, München, 1980

Kugler, Franz, »Geschichte Friedrichs des Großen«, Seemann Verlag, Leipzig, 1936

Lange-Eichbaum, Wilhelm; Kurth, Wolfram, »Genie, Irrsinn und Ruhm«, Komet Verlag, Frechen, 1979, Reprint der Ausgabe 1967, Ernst Reinhardt Verlag, München, Basel

Laudage, Johannes, »Otto der Große. Eine Biografie«, Pustet Verlag, Regensburg, 2. Auflage, 2001

Livius, »Römische Geschichte« (Hrsg. H. J. Zillen), Artemis & Winkler Verlag, Zürich, 1972

Macksey, Kenneth, »Guderian. Der Panzergeneral«, Heyne Verlag, München, 1978

Manfred, A. S., »Napoleon Bonaparte«, VEB Deutscher Verlag der Wissenschaften, 4. Auflage, Berlin, 1989

Masson, Philippe, »Die deutsche Armee«, Herbig Verlag, München, 1994

Meier, Christian, »Caesar. Vor der Schwierigkeit, ein
    Leben zu erzählen«, in: »Geschichte lesen«, DTV,
    München, 1994

Mommsen, Theodor, »Römische Geschichte«, Volksaus-
    gabe Safari Verlag, Berlin, 1974

Montgomery, Bernhard Law Viscount of Alamein,
    »Weltgeschichte der Schlachten und Kriege«, DTV,
    München, 1975

Morgan, Edmund S., »Die amerikanische Revolution«, in:
    »Propyläen Weltgeschichte«, VII, 2, »Von der Refor-
    mation zur Revolution«, Ullstein Verlag, Berlin, 1976

Neumayr, Anton, »Diktatoren im Spiegel der Medizin«,
    J&V, Edition Wien, Dachs Verlag, Wien, 1995

Otto, Hans-Dieter, »Lexikon fataler Fehlentscheidungen
    im Zweiten Weltkrieg«, Herbig Verlag, München,
    2. Auflage, 2006

Otto, Hans-Dieter, »Lexikon der militärischen Irrtümer«,
    Herbig Verlag, München, 2. Auflage, 2007

Paul, Wolfgang, »Entscheidung im September«, Heyne
    Verlag, München, 1979

Pleschinski, Hans (Hrsg.), »Aus dem Briefwechsel
    Voltaire – Friedrich der Große«, Haffmans Verlag,
    Zürich, 1992

Regan, Geoffrey, »Militärische Blindgänger«, Komet
    Verlag, Frechen, 1998

Rieder, Heinz, »Maria Theresia«, Diederichs Verlag,
    München, 1999

Rohdich, Walther, »Leuthen. Ein Wintertag in Schlesien«,
    Podzun-Pallas-Verlag, Wölfersheim-Berstadt, 1996

Schäfer, Peter; Skorsetz, Ulrike, »Die Präsidenten der
    USA«, Ullstein, Berlin, 1999

Stryker, William S., »The Battles of Trenton and Prince-
ton«, Mifflin and Company, Boston, 1898, Edition
2001, Old Barracks Association, Trenton
Tolstoi, Leo, »Krieg und Frieden«, DTV, München,
4. Auflage, 1998
Tuchman, Barbara, »August 1914«, Fischer Verlag,
Frankfurt am Main, 1993
Uhle-Wettler, Franz, »Höhe- und Wendepunkte deutscher
Militärgeschichte«, E. S. Mittler & Sohn Verlag,
Hamburg, Berlin, Bonn, 2000
Venohr, Wolfgang, »Napoleon in Deutschland«,
Herbig Verlag, München, 2. Auflage, 1998
Venohr, Wolfgang, »Fritz der König«, Lübbe Verlag,
Bergisch Gladbach, 2000
Viereck, H. D. L., »Die römische Flotte«, Koehlers
Verlagsgesellschaft, Hamburg, 1996
Voltaire, »Über den König von Preußen. Memoiren«
(Hrsg. Anneliese Botond), Insel Verlag, Frankfurt am
Main, 5. Auflage, 1994
Walbank, Frank K., »Alexander der Große«, in:
»Geschichte lesen«, DTV, München, 1994
Wallach, Jehuda L., »Das Dogma der Vernichtungs-
schlacht«, DTV, München, 1970
Weitlauff, Manfred, »Das Lechfeld«, in: »Schauplätze
der Geschichte in Bayern« (Hrsg. Schmid, Alois;
Weigand, Katharina), C. H. Beck Verlag,
München, 2003
Widl, Robert, »Napoleons verhängnisvolle Familie«,
Stieglitz Verlag, Mühlacker/Irdning, 1992
Wies, Ernst W., »Otto der Große. Kämpfer und Beter«,
Bechtle-Verlag, München, Esslingen, 3. Auflage, 1998

Wilmot, Chester, »Der Kampf um Europa«, Alfred
    Metzler Verlag, Frankfurt, Berlin, 1954
Wirth, Gerhard, »Alexander der Große«, Rowohlt Verlag,
    Reinbek, 1973
Young, Desmond, »Rommel«, Heyne Verlag, München,
    2. Auflage, 1976

Zeitungen, Zeitschriften, Internet-Quellen

Gladwell, Malcolm, »How David beats Goliath«, The New
    Yorker, May 11, 2009
http://belfercenter.ksg.harvard.edu/publication (letzter
    Zugriff: 15.8.2009)
http://de.wikipedia.org (letzter Zugriff: 15.8.2009)
http://www.jop-kriegskunst.de (letzter Zugriff: 15.8.2009)

PERSONENREGISTER

A

Achilles 42
Adalbert von Weißenburg
  (Abt) 92
Adelheid (2. Ehefrau
  Ottos I.) 86f., 100
Aethelstan (angelsächsischer
  König) 83
Aischylos 36
Albrecht von Württemberg
  (Herzog) 180, 194
Alençon, Graf Charles von
  113, 117, 119
Alexander der Große 18,
  39ff., 51, 51, 64f., 81, 96,
  141, 212
Alexander I. (Zar von
  Russland) 156ff., 163, 166,
  169f., 174
Aminias 35, 37
Antipatros 39
Aphrodite 43
Apollo 28
Argens, Marquis d' 122, 141
Aristonike 27f.
Aristoteles 40, 42, 237
Arminius 14, 232
Arndt, Ernst Moritz 160
Arreguin-Toft, Ivan 12

Arrian 49
Artemisia 34, 37
Artus (König von England)
  107f.
Athene 26f., 43, 49

B

Bagration (russischer
  Marschall) 164, 167
Balaschew 163
Balck, Herrmann 217
Barceló, Pedro 51
Barsewisch, Rudolf Ernst
  von 135
Barzini, Luigi 185
Berengar 86f.
Berthier (General
  Napoleons) 171
Bismarck, von (Oberst) 211
Blois, Graf von 113, 119
Bock, Fedor von 202
Boleslaw von Böhmen 85, 97f.
Bonvouloir, Achard de 152
Brutus, Marcus 79
Bülow, Karl von 180, 182,
  184, 192, 195ff.
Bulcsú 88, 90, 92f., 97, 99
Burchard (Schwabenherzog)
  94